ACTES

DU

CONGRÈS

DE LA

LIGUE FRANÇAISE DE LA MORALITÉ PUBLIQUE

TENU A LYON

DANS LES SALONS DE L'HOTEL DE VILLE

Les 26, 27 et 28 Septembre 1894

PARIS
GUILLAUMIN & Cie, ÉDITEURS
De la Collection des principaux Économistes du Journal des Économistes,
du Dictionnaire de l'Économie politique,
du Dictionnaire universel du Commerce et de la Navigation, etc.
Rue Richelieu, 14

1895

COMITÉ CENTRAL

PRÉSIDENT :

M. HEMMEL, conseiller municipal, 67, avenue de Noailles, Lyon.

SECRÉTAIRE GÉNÉRAL :

M. MONOD, 5, rue Sala, Lyon.

TRÉSORIER :

M. H. GUEX, 23, rue Bugeaud, Lyon.

COMITÉS RÉGIONAUX

Paris. — Président : M. GAUFRES, 55, rue Lemercier, Paris.

Lyon. — Président : M. ARCHINARD, ingénieur, 30, quai des Brotteaux, Lyon.

Marseille. — Président : M. EMILE SCHLŒSING, ancien juge au Tribunal de Commerce de Marseille.

Saint-Etienne. — Président : M. L. COMTE, directeur du *Relèvement Social.*

Bergerac. — Président : M. H. GARRIGAT.

Mazamet. — Président : M. ALBERT ROUVIÈRE, ingénieur.

Millau. — M. X...

Saint-Hippolyte. — Président : M. ADRIEN JEANJEAN, ancien maire, Sai[illegible]ppolyte.

Sainte-Croix-Vallée-Française. — Président : M. VALS.

Le Havre. — Secrétaire : M. RICHARD, docteur ès-lettres, impasse Blanche, rue d'Etretat, le Havre.

LIGUE FRANÇAISE

DE LA

MORALITÉ PUBLIQUE

ACTES DU CONGRÈS DE LYON

ACTES

DU

CONGRÈS

DE LA

LIGUE FRANÇAISE DE LA MORALITÉ PUBLIQUE

TENU A LYON

DANS LES SALONS DE L'HOTEL DE VILLE

Les 26, 27 et 28 Septembre 1894

PARIS

GUILLAUMIN & Cie, ÉDITEURS

De la Collection des principaux Économistes, du Journal des Économistes,
du Dictionnaire de l'Économie politique,
du Dictionnaire universel du Commerce et de la Navigation, etc.

Rue Richelieu, 14

—

1895

Nous adressons ce souvenir du premier Congrès de la Ligue française de la Moralité publique :

A ceux qui ont eu la joie de s'y rencontrer et d'y rafeunir, dans la douceur de relations fraternelles, la confiance qu'ils accomplissent une œuvre féconde de progrès moral ;

A ceux qui ont exprimé le regret de ne pouvoir assister à ces belles réunions de Lyon ;

A tous ceux qu'anime le même désir de contribuer au relèvement des mœurs, à la dignité et à la sécurité sociales.

Nous espérons que chacun des lecteurs de ces pages y trouvera d'utiles indications sur la manière dont il peut travailler personnellement au succès de notre cause.

M.-J. GAUFRÈS,

Secrétaire général.

Le 1er janvier 1895.

ACTES DU CONGRÈS

DE LA

LIGUE FRANÇAISE

DE LA

MORALITÉ PUBLIQUE

TENU A LYON

DANS LES SALONS DE L'HOTEL DE VILLE

Les 26, 27 et 28 Septembre 1894

DISCOURS DE M. GAUFRÈS

Secrétaire Général

MESSIEURS,

Le Comité central de la *Ligue Française de la Moralité publique,* sur l'avis conforme des Comités régionaux, a cru nécessaire de provoquer une réunion des amis de notre œuvre pour leur donner l'occasion de s'entretenir de leurs vues communes et des moyens de les propager.

Nous vous remercions d'avoir bien voulu répondre à cet appel, nous montrant ainsi que vous entendez dans le même sens que nous le devoir personnel et les intérêts de la Ligue.

Messieurs, que sommes-nous et que voulons-nous ?

Nous sommes des hommes qui ont mis en commun leur amour du bien et leur aversion pour ce qui lui fait obstacle ; qui croient que l'observation de la loi morale n'est pas seulement de convenance et de bonne tenue, mais d'obligation absolue et de haute importance sociale; qui estiment que si sa violation est toujours une déchéance, elle est tout aussi certainement un danger.

Oui, ce qui dégrade l'homme lui est en même temps funeste; il y a corrélation entre la rectitude morale et la prospérité sociale; le devoir accompli a deux retentissements, un dans notre conscience qu'il ennoblit, l'autre dans notre milieu qu'il assure.

Nous sommes donc une société de foi et d'action, de foi au bien et d'action sociale; nous nous sommes constitués pour résister dans la mesure de nos forces au flot montant de la corruption, prélude certain de la décadence.

Notre société n'est pas d'hier; elle a levé, il y a plus de quinze ans, l'étendard de cette résistance au débordement du vice, en s'organisant comme branche française de la *Fédération britannique et continentale contre la réglementation de la débauche.* Il ne faut pas s'y tromper : c'est la haine de la débauche elle-même, du faux et immoral principe de sa nécessité, de sa reconnaissance explicite comme partie intégrante de la vie sociale qui a inspiré la résolution de nos fondateurs. Le mouvement, parti d'Angleterre, y avait été suscité par une femme de grand cœur, Mme Buttler, à la voix de laquelle fit écho notamment celle de notre ami M. Fallot. Dans les deux pays, la protestation contre le vice organisé procédait de l'idéal d'une société aux mœurs saines et dignes, observatrice de l'équité envers les faibles, c'est-à-dire la femme et l'enfant, protectrice de cette haute mission conférée à l'épouse et à la mère d'inspirer les vertus privées et publiques. En France, en particulier, le mouvement se rattachait, inconsciemment sans doute, à l'un des meilleurs traits de notre vie nationale, à cette tradition des vertus familiales et des sentiments chevaleresques que les temps modernes ont trop laissé effacer.

Les adhésions à la Ligue dans cette première période

vinrent de deux côtés : d'une part, d'hommes et de femmes épris de cette idée de la pureté morale, qui a été le véritable agent de notre civilisation et qui en reste le meilleur ferment ; d'autre part, d'hommes politiques, à vues démocratiques avancées, partisans ardents de la liberté qu'ils trouvaient outrageusement violée au préjudice de malheureuses femmes.

Il faut l'avouer, sous cette forme et avec ce court programme, la Ligue eut peu de succès. D'une part, la fusion ne pouvait bien se faire et longtemps durer entre ceux de ses membres qui représentaient la tendance politique et ceux que préoccupait surtout le devoir moral. D'autre part, le terrain était à la fois trop peu préparé et trop circonscrit pour une campagne fructueuse. On ne tarda donc pas à reconnaître la nécessité de reconstituer la Ligue.

Elle fut réorganisée comme société indépendante et avec un programme plus large, programme publié en 1886 sous le titre de *Déclaration de principes*, et connu de vous tous. Sans abandonner, tant s'en faut, la question des mœurs proprement dites, ni celle de la réglementation, on y ajouta toutes les questions de morale sociale qui allaient s'imposant de plus en plus par le développement des vices. Car un peuple qui méconnait le devoir fondamental du respect de la femme et du foyer, déchoit bientôt de ses vieilles mœurs et devient la proie des vices grossiers que nous ne connaissons que trop : parésse, intempérance, fureur du jeu, spéculation véreuse, criminalité des jeunes, dépopulation, passions bestiales et destructives, autant de fruits de l'égoïsme sensuel et brutal. Ceux qui n'avaient pas su voir dans l'œuf cette prolifération monstrueuse, durent bien l'apercevoir éclose et démesurément grandie. Et comment fermer les yeux non seulement à la multiplicité de ces vices, mais à leurs effets destructeurs, aux dangers croissants dont ils nous menacent tous ? Est-il une famille, je dis une seule, qui, au milieu d'une telle corruption, puisse compter sur le succès de l'éducation d'un fils ; pour qui le mariage d'une fille ne soit le plus redoutable des hasards ? Qui n'est inquiet, en particulier, de la marche foudroyante de l'alcoolisme, et n'avoue que, à lui seul, il justifie mille fois notre levée de boucliers ?

Il est bien entendu que la lutte ne peut s'engager sur tous les points à la fois, et il a été explicitement convenu que chacune de ces questions viendrait à son heure. Il en est deux surtout qui nous ont occupés jusqu'ici, une question de loi et une question de mœurs.

La question de loi est une première tentative pour faire restituer à la femme ce que réclame l'équité. Notre code, par trop romain, lui est dur. Mariée à un homme sans mœurs, la femme, par exemple, peut travailler, gagner un salaire, et en être aussitôt légalement dépouillée par son mari qui va le boire en la laissant mourir de faim avec ses enfants. Ceci, hélas ! n'est pas un rêve. Sur notre demande, deux jurisconsultes éminents, MM. Glasson et Jalabert, voulurent bien préparer un projet de loi pour mettre fin à une si criante injustice, et trois députés le déposèrent à la Chambre. Une Commission spéciale l'y accueillit avec faveur ; mais d'autres préoccupations de l'esprit public et la fin d'une législature ne le laissèrent pas aboutir. Depuis, l'un des députés qui l'avaient présenté, l'honorable M. Montaut, l'a soumis à la Chambre actuelle, où l'on peut espérer qu'il aura un meilleur succès.

L'autre question sur laquelle ont porté les efforts de la Ligue est celle de la pornographie. Vous savez assez de quelle littérature et de quelle presse il s'agit, et quels ravages elles font l'une et l'autre dans les jeunes esprits. Pour combattre « cet empoisonnement de l'esprit public par la presse », notre secrétaire général, M. Fallot, organisa un vaste pétitionnement. Grâce à son activité partout présente, grâce au concours de nos huit Comités d'alors, grâce à l'éloquent appui de M. de Pressensé, la pétition réunit plus de 33.000 signatures. Présentée au Sénat par MM. de Pressensé et Bérenger, elle obtint l'approbation de la haute Assemblée et des déclarations favorables du chef du Gouvernement, M. Floquet. Une circulaire aux Parquets recommanda même une juste sévérité contre les corrupteurs publics : tout eût été parfait si la circulaire avait été efficace.

Mais cette campagne eut un autre effet. M. le sénateur Bérenger, en homme de grande expérience des choses publiques, pensa que les instructions du Gouvernement contre les publications immorales ne seraient suivies que si les citoyens l'exigeaient avec résolution et en nombre. De là l'idée de cette *Société centrale de protestation contre la licence des rues,* qu'il organisa et qui réunit aussitôt un si grand nombre d'adhésions. L'existence et l'action de cette Société sont une garantie que la lutte contre la mauvaise presse sera poursuivie, et que nous aurons un puissant concours dans cette Ligue-sœur qui s'est chargée d'une bonne part de notre pénible besogne.

Malheureusement, nous avons payé cher les avantages de cette campagne. L'ardent concours que lui avait donné M. de Pressensé, déjà gravement atteint, contribua à briser ses forces et hâta sa fin : grande perte dont nous porterons longtemps le deuil. Et M. Fallot, notre vaillant secrétaire général, en qui semblait s'incarner toute la force et toute la vie de la Ligue, fatigué et malade à son tour, a dû se résigner à la retraite.

Si l'affaiblissement physique, dont nous espérons bien qu'il ne tardera pas à se relever, était doublé du sentiment pénible de quelque déception ; s'il trouvait que les résultats qu'il a obtenus ne sont pas en proportion de son effort, nous nous garderions de le contredire ; nous avouerons que, à ses ardents appels, capables de susciter une armée de collaborateurs, n'ont répondu qu'un trop petit nombre de dévouements, qui s'estiment eux-mêmes insuffisants. Mais il a semé abondamment, et le jour de la moisson viendra, plus tôt peut-être que nous ne pensons.

Des amis trop bienveillants ont fait un devoir à celui qui vous parle d'occuper le poste resté vacant et de succéder à M. Fallot, je ne dis pas de le remplacer. Il a cédé par cette raison qu'il était impossible de laisser sans titulaire, même pour peu de temps, un emploi nécessaire au fonctionnement de la Ligue. Avis aux jeunes et aux forts ! Mais le changement de personne n'implique nullement un changement de programme : la *Déclaration de principes* reste notre charte.

Un changement plus heureux, ou plutôt un très satisfaisant progrès s'est accompli vers ce même moment ; je veux parler de la transformation du *Bulletin* de la Ligue, annexé à l'excellente feuille *l'Emancipation,* en journal indépendant, le *Relèvement social.* Nous avons eu la chance de trouver en M. Comte un directeur excellent, qui a su accomplir pour nous des prodiges de bon marché, et lancer le journal avec une rare vigueur. Il tire maintenant à cinq mille exemplaires. Ce qui suppose au bas mot dix mille lecteurs. Voilà déjà un public important à pénétrer de nos idées; voilà en nos mains un puissant moyen d'action sur le dehors et de relations entre nous. Le *Relèvement social* est aujourd'hui ce qu'il y a de plus vivant dans notre Ligue et ce qui nous donne le plus d'espérances. D'autres progrès se sont pourtant réalisés :

Depuis un an, deux nouveaux Comités se sont formés, à Saint-Hippolyte (Gard) et au Havre. Le Comité de Paris s'est reconstitué en s'élargissant ; celui de Marseille s'est dédoublé pour donner naissance à une Ligue marseillaise contre l'alcoolisme ; celui de Bergerac s'est occupé surtout de la *Désertion des campagnes*, et la brochure de M. Pozzi, son secrétaire général, sur ce sujet, mérite d'être abondamment répandue par tous nos amis des grandes et des petites villes. Nous vous la recommandons.

Ainsi depuis quinze ans, la Ligue vit et travaille ; elle a un programme, une tradition, un passé déjà honorable, de chers souvenirs qui sont aussi des leçons, un organe important, dix Comités régionaux, des correspondants dans plus de vingt villes, un fonctionnement régulier. Son modeste budget a toujours suffi à ses besoins et ne demande qu'à s'élargir avec eux. Elle dispose de l'appui de la Ligue, de M. le sénateur Bérenger, qui la complète et la fortifie ; d'autres Ligues sont nées ou vont naître pour soutenir la lutte contre l'alcoolisme. Elle a tenu à figurer à l'Exposition nationale de Lyon, où elle vient d'obtenir une médaille d'argent, et elle a provoqué ce Congrès où ses membres apportent leurs vœux et leurs idées. Quel est, dans ces conditions, le programme d'action qu'elle peut se tracer ?

En principe, elle a deux choses à faire : propager son idée et la réaliser ; saisir l'opinion de la question de la moralité publique et donner l'exemple de l'effort pour la développer.

Dans ces deux ordres d'activité, théorique et pratique, elle a surtout à étendre ce qu'elle a créé, à fortifier les racines et les branches qu'elle a poussées.

L'une de ces branches et la plus vigoureuse, je l'ai dit, c'est son journal. Notre premier devoir est de le répandre, de lui amener des lecteurs, parce que les lecteurs deviennent des amis et les amis des collaborateurs. Que le succès rapide du *Relèvement social* ne nous grise pas ; il faut que ce succès s'accélère et que ce qui est acquis ne soit à nos yeux qu'un commencement. Chacun de nous y peut quelque chose. A toute occasion, à toute conférence, à tout entretien, tout membre de la Ligue doit faire des abonnés : il n'y a pas de propagande plus facile ni plus efficace.

Visons aussi un autre progrès pour le journal : il est

bon, rendons-le excellent. Nous avons tant d'amis, et dans leurs doigts de si bonnes plumes! Notre public est digne de leur talent; qu'on lui offre des travaux vraiment scientifiques; jamais d'inutilités, jamais des ébauches d'idées! Qu'en style vif on lui apporte des vérités lumineuses. Voyez quel intérêt il attache aux articles de nos spécialistes, de celui notamment qui traite avec tant de saveur et de plénitude la question de l'alcoolisme, M. le Dr Legrain. Mais il y a d'autres sujets à traiter aussi par des spécialistes : le jeu, par exemple, qui sévit sur tous les hippodromes, dans tous les casinos, dans tous les tripots et dans une infinité d'honnêtes salons; que de ruines il sème et de déshonneurs! — La désertion des campagnes, aussi; c'est l'un des plus grands facteurs de notre démoralisation actuelle. Ne sont-ce pas là des sujets à tenter des hommes de cœur, à séduire chacun un ferme esprit, qui y concentre toute lumière, qui en fasse jaillir tout ce qui peut toucher et frapper les lecteurs?

Sur ces questions et sur toutes les autres, il faut que notre feuille puisse être consultée comme une source sûre de renseignements et d'idées; que les articles en soient signalés et reproduits, bonheur qui nous arrive déjà; que notre notoriété s'en accroisse à chaque numéro.

Si M. Comte reçoit ainsi trop de copie, tant mieux! il brûlera la moins bonne, et chacun de nous fera gaîment le sacrifice de celle qu'il verra avantageusement remplacée. Si malgré tout, elle surabonde, tant mieux encore! Il n'y aura qu'à réaliser le rêve de notre Directeur, qui est de doubler la périodicité du journal, sauf à doubler du même coup sa peine de notre gratitude, seule monnaie qu'il accepte. Et, si nous pouvions, grâce à une expérience et à un mérite constamment accrus, développer cette feuille jusqu'à la rendre hebdomadaire, apporter ainsi chaque dimanche aux lecteurs qui ne lisent que ce jour-là, avec le contingent des renseignements habituels, les leçons et les exemples qui recommandent une plus haute vie morale, que de bien ne ferions-nous pas alors, et, en écartant telles autres feuilles, quel mal nous empêcherions !

M. Comte a fait un autre rêve, que je vous confie : la publication d'un almanach, complément du journal, où entreraient, avec d'autres, nos meilleurs articles, et que la famille entière pourrait lire tout l'hiver, toute l'année.

Voilà ce que j'appelle prolonger nos lignes, développer ce que nous avons commencé.

Un mot pourtant encore à nos rédacteurs : qu'ils écrivent ailleurs aussi ; que ceux qui ont accès dans les autres feuilles, grandes ou petites, générales ou spéciales, y fassent lire la bonne parole, y réfutent l'autre. Nos lecteurs à nous sont convaincus ; il s'agit de convaincre les autres.

A côté du journal, nous avons la conférence, qui a été notre premier moyen d'action. Je suis aussi d'avis d'en doubler la dose. Que chaque hiver une campagne s'organise ; qu'il y ait échange de conférenciers, de ville à ville, de Comité à Comité. Après le sujet général, qu'on aborde les sujets particuliers, locaux ; il en est peu à l'occasion desquels ne puisse apparaître la vérité morale, et la parole vivante est si efficace !

Efficace aussi est le livre, bien choisi, bien approprié. Je ne parle pas du livre à faire, — et encore ? — mais du livre existant, dont il est aisé de se faire un auxiliaire, de ne pas se faire du moins un ennemi. Il n'y a pas partout de bibliothèques. Nos amis peuvent, quand elles manquent, contribuer à les fonder, à les bien composer ; quand elles existent, les améliorer, participer à leur administration, aider à bien renouveler leur fonds, conseiller les lecteurs, souvent plus maladroits que mal intentionnés. Une bibliothèque n'est pas un bien par elle-même, mais par l'usage qui en est fait, par la direction qui lui est donnée. Il n'y a là qu'un peu de peine à prendre ; il n'y faut que du bon vouloir et un esprit fraternel. On le sait bien en Suisse, par exemple.

Tels sont les moyens qui s'offrent d'eux-mêmes d'accomplir la première partie de notre tâche, celle qui consiste à propager les bons sentiments par les bonnes idées. C'est par là que nous pouvons avoir notre part d'action sur l'opinion.

Celle-ci est-elle si rétive, si insaisissable? Je la crois plutôt difficile à fixer, car elle est bien flottante, bien incertaine, bien peu tenace dans ses préférences. On peut donc essayer, sans présomption, d'y faire sa trouée. Peut-on compter qu'elle sera durablement favorable? Je n'oserais vous le promettre. Les prêcheurs de morale ont été rarement bien accueillis en France : on les a plutôt raillés qu'écoutés. Aujourd'hui surtout que bat son plein, parmi nous, l'idée latine que l'Etat est tout, doit tout faire, qu'il est le seul directeur de l'esprit public et le seul agent du progrès, on ne manquera pas de nous renvoyer à nos affaires, de nous apprendre que nous ne sommes que des trouble-fête, des rabat-joie. Si cette mésaventure nous arrive, nous nous en consolerons aisément par une raison péremptoire : c'est que l'accusation de vouloir pousser au triste n'est rien moins que fondée et que, à y bien regarder, elle est exactement le contraire de la vérité. Nous ne sommes les ennemis que de ce qui trouble la vraie joie et la vraie paix de la vie.

Il y a, en effet, plaisir et plaisir : il y a le plaisir de l'intempérant qui boit l'existence de sa famille, désespère sa femme et corrompt ses enfants par des exemples aussi déplorables que le tempérament qu'il a commencé par leur donner. Il y a le plaisir du joueur, qui sacrifie aussi sa famille et prend parfois ailleurs que dans sa caisse de quoi parier aux courses. Il y a le plaisir du riche débauché, qui n'est pas à qualifier ; il y a celui du politicien qui trompe ses naïfs électeurs, et celui du financier aventureux qui leur prend leur argent; celui même du capitaliste foncier qui arrondit son revenu en organisant dans sa maison un sixième étage forcément voué à toutes les promiscuités. De ces plaisirs-là, nous avouons n'avoir cure, ou plutôt leur avoir voué une ardente haine.

Car ils ont pour contre-partie des pleurs, des deuils, d'atroces misères qui méritent surtout notre souci. Si chacun de ces êtres malfaisants fait directement dans sa famille et sa descendance, fait indirectement dans son entourage, par son exemple, des centaines de victimes, le plaisir de celles-ci, disons plus sérieusement leur sauvetage, leur bonheur, ne vaut-il pas qu'on impose quelque gêne à leurs bourreaux, qu'on arrête sur leurs lèvres quelques couplets ou quelques rires excitants? La pitié pour ces malheureux n'est-elle pas de justice, de fraternité, de devoir? C'est cette pitié pour les infortunes imméritées, pour les sacrifiés, pour les femmes et les enfants, qui a été la véritable inspiration de notre œuvre. Quand nous avons inscrit sur sa bannière les mots : « Morale, Justice », c'est à la pitié, c'est à la bonté que nous cédions. Le poète a dit d'elle :

D'une seule vertu Dieu fit le cœur du juste.

Et si nous osons nous appliquer cette belle parole, c'est parce que nous croyons la mériter un peu, c'est surtout parce que nous voulons la mériter davantage. Oui, le vice est un Moloch que nous détestons parce qu'il est immonde et aussi parce qu'il impose à notre société contemporaine plus de sacrifices humains qu'il n'en obtint jadis sur les autels de Tyr et de Carthage.

Mais on nous saura peu de gré de notre tendresse d'âme, et si nous obtenons que l'opinion devienne sévère à ceux qu'elle protège aujourd'hui de sa funeste indulgence, ce sont ceux-ci qui crieront, non leurs victimes.

Il faut donc que non seulement nous ayons raison, mais

que nous le montrions autrement que par des paroles. Et c'est pourquoi, dans le programme de la Ligue, nous avons toujours inscrit sa participation aux œuvres de relèvement, ou, comme s'exprime le règlement des Comités de Lyon et de Bergerac, aux « œuvres préventives et réparatrices ». Quand on nous verra prendre part, soit ensemble, soit isolément, aux entreprises que suscitent la bienfaisance et l'esprit de fraternité, on devra bien reconnaître que notre inspiration ne procède pas de la dureté et de l'orgueil. Que pouvons-nous donc faire, au point de vue pratique, pour réaliser l'idée de notre Ligue, pour appliquer notre programme de justice et de bonté ?

Avant tout, il faut ici, comme plus haut, user des moyens à notre disposition. Vous voulez empêcher les enfants des écoles de rencontrer à chaque pas dans la rue des spectacles corrupteurs ? Vous voulez que les lieux publics soient accessibles à vos filles ? Que camelots et colporteurs ne mettent pas dans leur main des écrits propres à troubler leur innocence ? Ayez recours à la *Société de protestation contre la licence des rues*. Elle veut bien mettre à notre service, avec une parfaite obligeance, l'organisation qu'elle a installée rue Pasquier, 10, à Paris. C'est à elle, c'est à cette adresse qu'il faut écrire à chaque occasion. Sans doute l'Agence de cette Ligue a surtout fonctionné pour le département de la Seine, et c'est bien quelque chose, puisque c'est à Paris que le ton est donné pour toute la France. Mais la réorganisation prochaine de la police et son unification pour tout le pays permettra sans doute d'atteindre plus facilement, sur tous les points, les distributions et exhibitions illicites.

Voulez-vous lutter dans votre milieu contre l'alcoolisme et essayer d'arrêter autour de vous ses ravages effrayants ? Les sociétés déjà formées ou en formation, à Marseille, à Paris, ailleurs encore, auront à votre usage informations et conseils ; ou plutôt, le secrétariat général de la Ligue, en relation avec ces diverses organisations, vous transmettra, avec empressement, ce qu'elles ont recueilli de lumières et d'indications pratiques.

Voilà de quoi occuper soit collectivement nos Comités, soit individuellement nos amis. Nos Comités doivent avoir chacun une œuvre qui leur soit propre, qui corresponde aux besoins de la circonscription, qui entretienne l'intérêt des séances et montre à l'entourage le caractère bienfaisant de notre Ligue. La sympathie du public nous viendra dans la mesure des services que nous lui rendrons. Quant à la bonne volonté personnelle de nos amis, — car ils n'entendent sans doute pas agir uniquement par procuration, — elle a cent façons de s'exercer. Leur concours n'est-il pas sollicité de tous côtés? Les administrations publiques, si longtemps hostiles à l'initiative privée, l'appellent aujourd'hui à l'envi : l'Instruction publique, pour compléter l'éducation qu'elle donne, pour patronner les écoles, pour empêcher la mendicité, c'est-à-dire la perte de ses écoliers; pour continuer, durant l'apprentissage, l'enseignement simplement ébauché à l'âge scolaire. — L'Assistance publique, pour organiser l'assistance par le travail, pour écarter des distributions de secours la mendicité professionnelle. — L'Administration pénitentiaire, pour patronner ses prisonniers, ses libérés, hommes et femmes. Il serait aisé de poursuivre l'énumération. Aujourd'hui qui veut se rendre utile le peut sans égarer son bon vouloir, en suivant simplement des indications officielles et sûres. Les institutions privées ne nous appellent pas avec moins d'insistance et offrent à notre zèle leur supplément d'œuvres utiles et nécessaires. Quand chacun de nous aura atteint la limite de ce qu'il lui est possible de faire, le mal ne sera pas loin de reculer.

Voilà, sans doute, beaucoup demander au bon vouloir de nos amis ; mais il est entendu que, quand on s'enrôle chez nous, c'est sous l'impulsion d'une conviction ardente qui aspire à l'action. Ce que nous demandons au public, il faut commencer par le faire nous-mêmes : restreindre autant que possible la part de l'égoïsme dans notre vie. Que de temps, d'argent, de travail peut recevoir une meilleure destination que celle de nous procurer des sensations agréables, ou de nous mettre en règle avec les modes et les usages ? Quel est le point faible de notre fin de siècle ? C'est que chacun veuille tirer à lui les avantages de la société, donner peu pour recevoir beaucoup, gagner enfin et jouir ? Prenons le contre-pied de ce système : proposons-nous de donner plus que nous ne recevons, de faire faire aux autres une bonne affaire, de nous *dévouer* au lieu de *jouir*. C'est le bon parti, croyez-moi, le plus digne, le plus sûr ; car se donner est la loi supérieure de l'individu, comme la loi de la société est de prospérer par ce don. Nous opposerons ainsi au type du jouisseur fin de siècle, le type non pas nouveau, mais restauré, de l'homme généreux et dévoué qui a été celui du Français, aux bonnes époques de son histoire.

Et pour peu que ce type se propage et qu'il se reforme parmi nous d'hommes de sentiments purs et courageux, nous verrons se relever le niveau terriblement déprimé de la moralité publique. Les économistes ont remarqué que les peuples riches sont ceux chez lesquels il y a un certain nombre de riches, et les ethnologues, que les races supérieures sont celles chez lesquelles se trouvent un certain nombre d'individualités supérieures, rayonnant sur la masse inférieure et pauvre. N'en conclurez-vous pas que notre peuple sera moral quand le principe et la pratique des mœurs seront représentés à un nombre suffisant d'exemplaires, pour que le rayonnement s'en répande partout ?

Si cette considération est encourageante, l'entreprise n'en reste pas moins d'une difficulté redoutable. Il sera pourtant beau de la tenter, en enrôlant à son profit toutes forces morales que nous pourrons grouper, qu'elles procèdent du patriotisme, de la philanthropie ou de la religion. Quiconque, pour des raisons à lui, mûries dans son esprit et dans sa conscience, croira nécessaire un relèvement de la moralité publique et obligatoire d'y travailler, sera chez lui parmi nous et y trouvera le même concours qu'il y apportera lui-même. Heureux qui déploiera le dévouement le plus efficace! Puissions-nous en réunir assez pour faire mieux que de dégager notre responsabilité, pour ébaucher au moins une réforme, aussi favorable à la dignité qu'à la sécurité de tous!

Ainsi faisant, nous justifierons cette définition que je vous propose de la *Ligue Française de la Moralité publique :* Elle est, en principe, la synthèse et l'inspiration de toutes les œuvres de relèvement qui existent ou peuvent se fonder ; elle est, en fait, la réserve d'hommes et de femmes de bonne volonté, où toutes ces œuvres trouvent leurs ouvriers les plus dévoués et les plus résolus.

L'ALCOOLISME

SES EFFETS PERNICIEUX
CONSIDÉRÉS
AU POINT DE VUE PHYSIQUE, INTELLECTUEL ET MORAL

RAPPORT

PRÉSENTÉ PAR M. LE DOCTEUR LEGRAIN, MÉDECIN EN CHEF
A L'ASILE DE VILLE-ÉVRARD

Une armée nombreuse, capable de soutenir tous les chocs, et des finances puissantes, reposant sur une richesse foncière incomparable, ne suffisent pas à constituer la force d'un pays. Une nation n'est vraiment forte que si le parfait équilibre de sa puissance brutale et de sa richesse matérielle trouve son corollaire dans un équilibre non moins parfait de sa santé physique, intellectuelle et morale. Et l'on peut affirmer que c'est dans ce dernier surtout qu'il puise les sources de sa vraie vitalité. Si la nécessité des grands tournois internationaux doit faire rechercher les moyens d'assurer sa prépondérance au dehors, la saine raison, et l'intérêt même, commandent de ne rien négliger de ce qui peut assurer sa grandeur au dedans. On peut proclamer que son haut degré de résistance aux maux physiques, que le haut développement de son intelligence et de sa moralité sont les conditions *sine quâ non* de sa force d'expansion au dehors. Négliger de pareilles sources de supériorité, c'est se placer imprudemment dans des conditions de faiblesse que ni la force armée, ni l'argent ne sauraient racheter. Un pays armé, mais sans morale, n'a que l'ombre de la force ; c'est une entité dont la splendeur, faite d'apparences, cache une gangrène profonde, signe précurseur de sa prochaine dégénérescence. Les événements politiques qui ont marqué la fin du second empire et qui ont amené ces catastrophes qui vivent encore dans toutes les mémoires sont une preuve de ce que j'avance.

Un mal qui terrasse l'énergie physique d'un peuple, qui annihile sa vigueur intellectuelle et ruine ses principes de moralité peut donc, sans conteste, être qualifié de calamité sociale. Je viens de faire dans ce parallèle rapide et général, il est facile de le deviner, le procès de *l'alcoolisme*. Ce fléau, qu'on y prenne garde, nous décimera, s'il continue son action désorganisatrice et si l'on ne se préoccupe pas davantage d'enrayer ses progrès. Les hommes éclairés qui dirigent le pays ont le devoir de s'inquiéter de son avenir, et il est urgent, pour cela, qu'ils accordent une part égale de leur attention à toutes les causes capables d'assurer cet avenir ; ils ont le devoir de connaître et de combler les lacunes susceptibles de compromettre leur œuvre.

Or, on ne peut tout demander à leur initiative et ils doivent légitimement compter sur le concours de tous les hommes qui, par leur fonction sociale, peuvent les éclairer. En matière de moralité publique, il appartient souvent aux groupes constitués en association de tracer la voie. C'est ce qu'a parfaitement compris la *Ligue de la Moralité publique*, et l'on ne saurait trop remercier ses dévoués organisateurs d'avoir offert en discussion à un Congrès les questions d'où dépend en partie la prospérité du pays. Composée d'hommes qui, poussés par de généreux sentiments d'altruisme, ne craignent pas d'entrer dans l'intimité des populations ravagées par l'immoralité et par l'une de ses causes les plus démontrées, l'alcoolisme, elle a compris que son devoir était de pousser un nouveau cri de guerre et de signaler une fois encore à l'attention des pouvoirs publics un mal dont elle constate, impuissante, les terribles effets. Puisse-t-elle être écoutée ! Faire la guerre à l'alcoolisme est plus que jamais faire œuvre de patriotisme, c'est ce que je tenterai de montrer dans les quelques développements qui vont suivre.

De plus autorisés que moi, à défaut de plus convaincus, auraient pu traiter la question. Je ne suis que médecin, et, bien que l'exercice journalier de ma profession me fasse coudoyer souvent les choses de la moralité, je n'ai pas l'autorité d'un moraliste. A plus forte raison n'ai-je pas l'envergure nécessaire pour aborder de front des problèmes aussi vastes que ceux où l'intérêt d'un pays tout entier est en jeu. J'ai pourtant accepté, pensant que le médecin a, dans l'espèce, quelque rôle à jouer, quand ce ne serait que celui d'informateur, de vulgarisateur. Et c'est déjà beaucoup que d'apprendre aux gens à connaître un mal dont ils souffrent sans s'en douter. Leur montrer le péril, c'est souvent les mettre en garde contre ses conséquences.

« Notre mission à nous médecins, dit M. Lardier, à nous hygiénistes, est d'insister, avec toute l'énergie dont nous sommes capables, sur les conséquences de ce danger qui grandit incessamment. Notre devoir est de faire entendre la voix de la raison, et, pour réussir, il est nécessaire d'entretenir autour de cette question une agitation salutaire. Nous ne devons pas cesser de dire et de répéter que l'abus des boissons alcooliques constitue un véritable empoisonnement et que, si l'on a raison de se préoccuper de la salubrité des villes, de la disparition de la variole et de la fièvre typhoïde, de la falsification des denrées alimentaires, il est grand temps de songer aussi à cette affection endémique, l'alcoolisme, qui tue plus d'hommes à elle seule, que toutes les maladies contagieuses réunies, mais que l'on semble moins redouter parce que ses effets en paraissent moins immédiats et moins palpables. »

Considérant donc l'alcoolisme comme un mal général, je dirai comme une maladie sociale, j'étudierai ses progrès, son degré actuel de développement, ses causes premières et ses causes d'entretien, ce qu'on a fait contre lui. En récapitulant les effets de l'alcool sur l'organisme, je montrerai qu'ils s'étendent de proche en proche de l'individu à son espèce. Ce sera démontrer qu'il n'est plus seulement une maladie individuelle, mais qu'il s'attaque à la population tout entière; que tous, tant que nous sommes, nous en avons souffert et que nous en souffrons encore; que tous enfin nous avons intérêt à sa disparition. Pour terminer, car ce n'est pas tout que de signaler un mal, il faut en chercher le remède, j'indiquerai ce qui pourrait être tenté pour rétablir l'équilibre des pertes déjà subies.

I

De tout temps on a abusé des liqueurs enivrantes. C'est une notion banale et je ne m'attarderai pas à décrire l'ivrognerie à travers les âges. Un fait est établi, hélas, à la charge de tous les peuples : toujours ils semblent avoir eu besoin d'un excitant artificiel ; partout on trouve la trace d'un *poison ethnique*. Je ne veux pas rechercher les causes psychologiques de cette faiblesse humaine, dont le plus grand tort est assurément de se propager en vertu de ce besoin d'imitation qui fait le fond de notre nature, mais là où l'on ne rencontre pas le vin et l'alcool, on trouve l'opium, le haschich ou un autre poison. Constatons seulement que ces intoxications sociales ont toujours été une cause de faiblesse, de déchéance, de dégénérescence même; constatons aussi, pour en faire notre profit, que les époques où elles sévirent de la façon la plus intense ont marqué l'aurore de la décrépitude sociale suivie bientôt d'une disparition complète.

Mais revenons à des temps plus récents et restons cantonnés chez nous. L'histoire de l'alcoolisme en France suit deux phases; la première est marquée par l'abus de la liqueur enivrante nationale, par l'ivrognerie du vin, constatée de tout temps et même réprimée par tous les gouvernements qui se sont succédés. La seconde est moderne; elle est marquée par l'alcoolisme lui-même, c'est-à-dire par un empoisonnement dont la cause n'est plus seulement le vin, mais l'alcool extrait de diverses substances, et dont les ravages sont tout différents de ceux du vin. Cette seconde phase commence avec l'entrée en scène des alcools d'industrie. Ce fut peut-être un progrès qui engendrait chez nous une richesse matérielle plus considérable, mais dont on n'aperçut que trop tard les effets dissolvants. C'est vers 1824 surtout, qu'en France l'industrie de l'alcool a commencé à prendre de l'extension par la distillerie des céréales et de la pomme de terre, l'industrie française ne pouvant négliger indéfiniment une source de bénéfices qui, dans les pays voisins, avait donné d'excellents résultats. C'est de cette époque que l'alcoolisme date en France. Cette maladie collective est donc bien, chez nous du moins, une maladie du siècle. Ailleurs, en effet, elle exerçait déjà des ravages épouvantables au siècle dernier et la lutte contre le fléau dans les pays étrangers a devancé beaucoup nos propres efforts.

Une fois entré par la porte de l'industrie et du commerce, le mal a rapidement progressé. L'abus du vin et l'abus de l'alcool marchent alors de conserve. L'alcool et les boissons fermentées se disséminent de plus en plus dans toutes les classes de la société et viennent infester les populations les plus vierges. Cette dissémination est favorisée par les progrès même de notre civilisation moderne, grâce à l'extension colossale qu'a subie l'industrie dans notre siècle. Le goût du vin se développe partout, il ne semble plus répondre seulement à un besoin organique; ce n'est plus seulement un agent réputé nutritif, c'est une substance voluptuaire.

Les besoins absolument factices qu'il fait naitre, donnent alors un regain d'activité à l'industrie des boissons fermentées. Comme la demande finit par dépasser la production et qu'en même temps beaucoup de pays vinicoles sont ruinés par le phylloxéra, un double courant se produit, d'une part, vers la sophistication des vins naturels et même leur fabrication de toutes pièces ; d'autre part, vers la distillation des alcools de toutes origines. On parvient ainsi à donner satisfaction aux petites bourses, tout en alimentant de produits alcooliques les populations peu favorisées au point de vue vinicole.

L'exemption du droit de licence dû à la loi du 2 août 1872 et plus tard les privilèges accordés par la loi de 1875 aux bouilleurs de crû entraînèrent le producteur libre sur une pente qui devait être fatale à la santé publique. Et l'on put peu à peu se convaincre que l'alcoolisme était rare et n'existait même pas dans les pays vignobles où l'on buvait du vin naturel et des alcools de bonne qualité, tandis qu'il était fréquent dans les classes pauvres buvant du vin viné avec de mauvais alcools. C'est ainsi que s'exprimait M. Rabuteau au Congrès de 1878 : « Qu'il me soit permis d'exprimer librement ma pensée; nous ne serions pas ici rassemblés pour traiter de l'alcoolisme chronique, si l'homme n'avait bu que du vin naturel et de l'alcool de vin. Si nous formons ce Congrès, pourquoi nos ancêtres ne nous avaient-ils pas devancés au siècle dernier, ni dans la première moitié de ce siècle pour traiter la même question ?

La raison en est simple : Au siècle dernier on ne connaissait pas les alcools industriels. Dans notre siècle on a préparé, fabriqué plus ou moins mal ces alcools, puis on les a livrés à la consommation ». Ainsi, voilà qui est net : *c'est l'alcool qui est le véritable ennemi.*

Bien des causes, ou efficientes ou adjuvantes, ont présidé à l'extension de l'alcoolisme, mais je ne puis les étudier en détail. Je n'ai fait que jeter un coup d'œil sur le mode d'implantation du fléau chez nous, surtout pour faire une importante distinction entre l'ivrognerie du vin et cette autre maladie qu'on a appelée l'alcoolisme, en montrant que cet empoisonnement était une conquête moderne.

C'est autour de 1860 que commencent à naître des inquiétudes générales et que paraissent des travaux sur ce mal nouveau qui n'était connu que par ses ravages à l'étranger. On s'était endormi dans une fausse sécurité pendant une quarantaine d'années, supposant que le pays du vin par excellence ne pouvait, à son tour, être envahi par un mal qui décimait les voisins moins favorisés. Illusion dangereuse, dont il fallut revenir le jour où l'on commença à constater les effets du mal ! On s'aperçut, mais trop tard, que l'usage de l'alcool s'était tellement répandu, qu'il était presque impossible dès lors de remonter le courant.

Mais il est temps d'aborder l'examen rapide des effets pernicieux de l'alcool et en général des boissons spiritueuses sur l'organisme humain et ses effets extensifs sur la population. Je serai bref naturellement sur leur description clinique, je n'en dirai que ce qui pourra servir de base à mes conclusions.

II

Les alcools répandus dans le commerce, et sous ce nom j'englobe toutes les boissons enivrantes, y compris le vin (car il est peu de vin qui ne subisse des manipulations à l'aide d'un alcool étranger) sont de natures très variées. Leurs effets physiologiques diffèrent suivant leur origine, leur composition chimique, les substances qui entrent en combinaison avec eux et aussi suivant l'état du sujet qui les ingère. Or, quels qu'ils soient, même l'alcool de vin, *tous sont doués de propriétés toxiques.* « Tous les alcools, dit Bergeron, même les meilleurs, doivent être déclarés détestables au point de vue de l'hygiène ». Lorsqu'ils sont ingérés ils produisent un empoisonnement dont l'aspect peut comporter des variétés en rapport avec telle ou telle de leurs propriétés spéciales, mais qui est pourtant susceptible d'une description à peu près uniforme dans les grandes lignes.

Le degré le plus simple de l'empoisonnement est désigné sous le nom *d'ivresse.* Dans l'ivresse, les accidents cérébraux et nerveux dominent en général. Les désordres observés se classent en deux phases : l'une *d'excitation*, l'autre de *dépression.*

Dans la première, toutes les fonctions s'exagèrent : intelligence plus vive, mémoire plus fidèle, imagination plus florissante. Gaîté, exubérance, loquacité en sont les manifestations extérieures. L'homme se sent plus fort, plus alerte ; il est bruyant, gesticule, chante, se déplace. Mais, fait remarquable, malgré ce brillant extérieur, les fonctions cérébrales ont déjà reçu un choc qui les déséquilibre; l'homme a déjà perdu, dans cette pointe d'alcool, la libre disposition de lui-même. Sa conscience obscurcie lui fait perdre la notion de sa situation. Confiant, heureux, il manque de mesure dans ses paroles, dit parfois ce qu'il cacherait en temps ordinaire, au détriment de ses intérêts. L'alcool démasque le fond de notre individualité et la fait apparaître aussi bien avec ses vices, ses défauts, ses passions, qu'avec ses vertus et ses avantages naturels. C'est là un danger. Tantôt irritable, violent, agressif, si c'est un homme exalté d'ordinaire, il peut encore se montrer mélancolique s'il est d'un tempérament taciturne; orgueilleux, ambitieux, s'il est infatué de sa personne.

Dans le même temps les fonctions générales s'exaltent ; on note l'accélération du pouls, l'éréthisme génital sur les conséquences duquel je reviendrai, la sensibilité cutanée plus exquise, etc.

Dans la deuxième période, le tableau change : l'ivrogne a des vertiges; son intelligence se brouille, l'imagination s'éteint; les idées deviennent tumultueuses, incohérentes ; le buveur est en proie à un véritable accès de démence. Les sens sont émoussés ou pervertis; les propos sont diffus, empreints d'absurdité. Les mouvements deviennent incertains et faibles par suite d'un état vertigineux très caractéristique. La volonté s'annihile; le malade titube et finit par tomber dans un profond collapsus avec évacuations involontaires. Les fonctions cérébrales sont alors anéanties, un sommeil bruyant commence. La peau devient insensible, la température s'abaisse, le tégument est pâle ou violacé. Au bout de quelques heures, le buveur sort de cet état d'abrutissement; il lui reste du malaise, du mal de tête, de l'hébétude, de la confusion dans les idées, des vertiges qui se dissipent peu à peu. Très souvent, il perd tout souvenir de ses paroles ou de ses actes pendant la période d'ivresse.

Voilà l'ivresse vulgaire. Très grave au point de vue de ses conséquences morales, elle n'est ordinairement qu'un orage passager, dont l'organisme ne souffre pas autrement. Mais il n'en est pas de même lorsque la boisson absorbée contient quelqu'un de ces *alcools d'industrie* autres que l'alcool de vin, ou quelqu'une de ces essences aromatiques qui, sous le nom d'apéritifs ou de cordiaux, tels que l'absinthe, le bitter, le vermouth, le vulnéraire, l'eau de mélisse, constituent des poisons très énergiques. Ces poisons expliquent les *formes nouvelles de l'ivresse* que l'on observe depuis un certain nombre d'années. La plupart des accidents sont ici engendrés par les boissons spiritueuses débitées à bas prix, et mises à la disposition des classes pauvres; elles renferment surtout l'alcool *amylique*, extrait des grains ou des pommes de terre, qui, d'après les expériences de Dujardin-Beaumetz et Audigé, est environ 7 fois plus toxique que l'alcool de vin.

Lorsqu'interviennent ces alcools hypertoxiques, l'ivresse revêt les caractères qu'on a désignés sous les noms d'ivresse *comateuse* et *convulsive*. Dans le premier cas, la période dépressive est plus grave; le corps devient froid, inerte, insensible, le cœur faiblit, et la mort peut survenir en quelques heures. L'ivrogne présente l'aspect d'un malade sidéré par une attaque d'apoplexie.

L'ivresse convulsive est celle qui s'accompagne de délire, d'un délire furieux, extrêmement dangereux et qui se clôt par une ou plusieurs attaques, très proches de l'attaque d'épilepsie. Les recherches de Paul Bert, de Laborde et Magnan ont démontré l'existence dans l'alcool de grains qui forment la base de la plupart des spiritueux, tels que le genièvre, le whisky, d'une substance, le *furfurol*, qui communique à ces liqueurs la propriété épileptisante, dont je viens de parler. Mais cette propriété appartient surtout à la liqueur d'*absinthe* qui constitue par ce fait un poison des plus redoutables.

Tel est, en quelques mots, l'accident le plus aigu de l'alcoolisme. Il survient chez les individus normaux après l'ingestion massive de spiritueux, ou bien chez des individus affaiblis ou prédisposés, après l'ingestion, *même modérée*, de ces mêmes substances.

Mais il n'est pas besoin pour s'empoisonner, pour devenir un alcoolique, de procéder par voie d'ingestion massive, et les pires alcooliques ne sont pas encore ceux qui, une fois de temps en temps, roulent sous la table après un repas copieux, ou s'abrutissent dans une bordée passagère. L'alcoolisme, avec ses dangers pour l'individu et la collectivité, n'est, dans ces cas, que le fruit de débauches réitérées, fréquemment récidivantes, et dont l'ensemble constitue *l'ivrognerie*. L'ivrogne devient alors un alcoolique chronique, et, dans le cours de son intoxication plus ou moins lente, l'ivresse apparaît de temps en temps à la façon d'un épisode bruyant. Mais, dans les périodes intercalaires, il reste un intoxiqué dont les caractères sont désormais les mêmes que ceux de *l'alcoolique vulgaire* dont je dois maintenant vous parler.

Combien de gens s'empoisonnent sans le savoir, et qui, grâce à des excès qu'ils se permettent en obéissant soit à un entraînement inconsidéré, soit à un goût étrange pour les liqueurs fortes, soit à des préjugés, sont sur la pente facile de ces accidents psychiques et physiques, qui sont la ruine fatale, à échéance plus ou moins longue, de leur santé ! Ils sont légion ! Et elles ne sont ni les moins à craindre, ni les moins difficiles à combattre, ces victimes d'habitudes absurdes autant que pernicieuses, qui se sont enracinées petit à petit, se sont souvent transmises de père en fils, de famille à famille, grâce au commerce de l'amitié, aux relations d'affaires, etc.; tout cela puissamment aidé par l'erreur, l'insouciance, l'ignorance des principes les plus élémentaires d'hygiène.

Ces coutumes, innocentes en apparence, qui consistent à tuer le ver le matin à jeun, à rompre le travail plusieurs fois par jour pour aller boire, à traiter les affaires chez le marchand de vin, à récompenser un service rendu par un verre de vin ou d'eau-de-vie, à banqueter à tout propos, à prendre l'apéritif avant les repas, à arroser son café d'une goutte d'alcool, à stationner chez les débitants aux heures de désœuvrement, à se réunir entre amis au cabaret pour jouer et se divertir; ces habitudes professionnelles qui poussent le cabaretier à boire pour exciter le consommateur à la dépense; ces professions fatigantes dont l'alcool est devenu l'adjuvant soi-disant nécessaire, telles que les professions de blanchisseuse, de forgeron, de mineur, tout cela et tant d'autres choses encore, qui constituent l'état de nos mœurs, est, pour les 9/10mes de la population, l'origine sûre d'un empoisonnement auquel presque tous participent sans le savoir.

L'alcool est entré dans notre consommation habituelle; il s'en consomme à toute heure du jour des quantités fantastiques, à tout propos, sans rime ni raison ; il est le prétexte ou l'accessoire obligé de bien des existences actives, pour les uns; pour d'autres, il est tout simplement un but, l'objet d'une jouissance. L'homme, la femme, l'enfant, même l'enfant à la mamelle, tous en usent; il semble devenu un besoin impérieux. En s'opposant à de semblables abus, on se heurte à une position solide, lentement mais sûrement conquise. Médire du vin, dénigrer l'alcool auprès de certains, c'est presque se couvrir de ridicule. On est un misanthrope ou un fâcheux, si l'on prêche l'abstinence; on n'est plus l'ami de l'ouvrier qui meurt à la peine.

Eh bien! il faut qu'on se le dise et qu'on ne craigne pas de le redire : on s'alcoolise tout en conservant les attributs extérieurs d'un honnête homme; mais, en s'alcoolisant, on s'expose à devenir, *sans le savoir et sans le vouloir*, un homme dangereux. Les boissons enivrantes, prises en dehors des besoins, si tant est qu'elles puissent répondre à un réel besoin, sont un abus que l'on paie tôt ou tard, plus ou moins, suivant les cas, de sa santé physique, de sa santé intellectuelle et souvent de la vie. Cela dit pour bien peser, une fois encore en passant, sur cette vérité que *les spiritueux ne sont pas utiles* et qu'on peut s'alcooliser sans le savoir, je n'ai pas besoin d'ajouter que tous nos buveurs inconscients sont des candidats à l'alcoolisme chronique. Tous en souffrent, ce n'est pas douteux, à un moment donné; ce n'est plus qu'une affaire de temps suivant le degré de résistance de l'organisme et suivant le degré de toxicité des alcools consommés. L'alcoolisme chronique n'est donc que la conséquence de l'ingestion répétée souvent de spiritueux, en quantité suffisante pour anéantir les effets de la réaction individuelle, détruire l'équilibre physiologique, l'effort curateur en vertu duquel un organisme, imprégné de poison, cherche naturellement toujours à s'en défaire.

Les accidents *d'alcoolisme chronique* sont lents, insidieux. Ils demandent de longues années pour former un cortège symptomatique bien dessiné, mais ils sont toujours reconnaissables pour un médecin un peu exercé. Ils ne sont pas tous les mêmes, car les résistances individuelles sont très variées. Chez les uns, la santé physique seule s'altère; chez les autres, le cerveau et le système nerveux sont atteints de préférence; mais on peut dire qu'après un laps de temps plus ou moins long, les désordres sont absolument généraux, car les effets du poison, constamment charrié par le sang, sont, pour ce fait, toujours généraux aussi.

Je ne puis qu'esquisser à très grands traits les symptômes physiques de l'alcoolisme chronique, mais je ne peux les passer sous silence, tant ils ont de valeur au point de vue de nos déductions futures. L'alcool use le corps avec une rapidité plus ou moins grande, c'est-à-dire qu'il lui enlève peu à peu sa résistance, amoindrit sa vitalité, qu'il l'infiltre de lésions qui, peu à peu, frappent tous les organes de caducité et les rendent impropres à accomplir leurs fonctions. Et cela est une fatalité à laquelle aucun buveur n'échappe, quoi qu'en disent certains ignorants qui se plaisent à objecter naïvement ces cas de vieux et solides buveurs, résistants et encore bien portants à quatre-vingts ans. On ne saura jamais le nombre de victimes qu'a faites cet absurde raisonnement! Les buveurs en question ne sont que des sophismes vivants pour le médecin. Le plus souvent, ce sont des consommateurs de vin naturel, dont les effets sont moins désastreux que ceux des alcools. On nous les montre résistants parce qu'ils étaient heureusement doués par la nature, et l'on ne cite pas les hécatombes des victimes de l'alcool qui n'ont pas dépassé l'âge mûr. On oublie encore de nous parler de leur descendance. Puis, on les voit sombrer un jour dans une attaque d'apoplexie, comme un chêne vivace frappé de la foudre, alors que leur puissante stature leur eût assuré, sans l'alcool, une longévité plus grande encore.

Foin des sophismes! l'observation est là et ne souffre pas de contradiction. L'alcoolisme, c'est la décrépitude avant l'âge. L'un de nos maîtres en médecine a proclamé que l'homme a l'âge de ses artères. C'est vrai. L'alcool tue le corps par l'intermédiaire des artères qui le charrient; il détériore avant tout ces canaux, dont l'intégrité est indispensable à l'équilibre biologique. Un buveur chronique, jeune de 45 ans, a pour ce fait les apparences d'un homme de 60. M. Lancereaux l'a dit justement : « Cette ressemblance anatomique identifie l'alcoolique au vieillard et nous montre que l'alcoolisme n'est qu'une vieillesse anticipée... Il en est de même dans l'ordre physiologique; l'ivrogne, même jeune, a peu de force musculaire; il tremble; sa nutrition est ralentie ».

Ce jeune vieillard (qu'on me passe l'expression) ne l'est pas seulement au point de vue physique, il l'est encore au point de vue cérébral, point capital pour nous. Les troubles de l'intelligence, provoqués par l'abus prolongé de l'alcool, suivent deux phases qui s'enchevêtrent. Une première est liée à l'action directe du poison sur l'encéphale; une seconde est liée aux lésions matérielles qui se sont installées progressivement dans cet organe. Cette seconde phase, caractérisée par un affaiblissement progressif des facultés et par une démence un peu spéciale, appartient à la période chronique, finale, de l'alcoolisme. Certains malades n'arrivent jamais à la seconde période. Chez d'autres, l'affaiblissement n'est que minime et n'aboutit pas à la démence confirmée; chez d'autres, enfin, la décrépitude cérébrale est, comme celle du corps, très précoce.

L'usage habituel de l'alcool provoque une excitation perpétuelle des centres nerveux, qui sont l'objet d'une sorte d'éréthisme continu. Cette excitation se traduit au dehors par une très grande irritabilité; l'alcoolisé est susceptible, ombrageux, soupçonneux, cherche volontiers querelle; parfois agressif et batailleur, son mauvais caractère contribue, plus encore que sa débauche, à l'isoler de la société. Ses colères sont fréquentes, violentes, insuffisamment motivées.

L'une des altérations le plus communément observées porte sur le *sens moral*. Au début, conscient encore de sa funeste passion, mais insuffisamment armé pour la lutte, le buveur a une certaine honte de sa dégradation. Mais la conscience s'obscurcit vite, et avec elle le sens moral. Grossier, cynique, obscène, malpropre, il n'a qu'un but dans la vie, c'est de trouver les moyens de satisfaire son penchant; il se rue sans vergogne dans la débauche la plus vile et ne s'en tient pas, ordinairement, aux excès alcooliques. Vivant comme un égoïste, ne recherchant que la compagnie de ses égaux, insouciant, indifférent à tout, il devient paresseux; ses sentiments affectifs ont disparu. Ses actes dénotent l'obtusion de tout sens moral; appréciant à sa manière le bien et le mal, il devient indélicat, malhonnête et, souvent, il est conduit à accomplir des actes déshonorants qui le mettent aux prises avec la justice. On en voit qui, devenus libidineux, insultent à la moralité publique ; le plus ordinairement, quand ils n'ont pas les moyens d'entretenir leur débauche, ils vivent d'expédients, ou se font nourrir par les leurs. Privés de remords, puisqu'ils n'ont plus de guide moral, ils tombent de dégradation en dégradation. De moins en moins résistants, on les voit traîner une existence sans nom dans les cabarets, au sein d'une perpétuelle demi-ébriété. Concurremment, les facultés intellectuelles, avant de s'affaiblir, se sont altérées notablement. L'acuité de l'esprit diminue, le jugement se fausse, l'imagination se pervertit, la mémoire devient paresseuse, la volonté disparait. Ces diverses facultés, un instant réveillées pour briller encore de leur ancien éclat à la faveur d'un nouvel excès, s'obscurcissent ensuite un peu plus, et ainsi graduellement.

Le tableau très rapide que je viens de retracer est celui des cas les plus graves, celui des malades chez lesquels, sans conteste, préexista souvent un état mental à équilibre douteux. Mais il est des cas où la déchéance est moindre. Entre celui où le buveur invétéré, alcoolisé en quelque sorte inconsciemment, par le fait soit d'habitudes professionnelles, soit d'un régime détestable, marche pas à pas, sans secousse, vers un affaiblissement précoce des facultés, et celui que j'ai décrit, il existe une foule d'intermédiaires, toute une échelle graduée de cas qui se refusent à une description méthodique. Ce que l'on peut en dire d'une manière générale, c'est que *les deux caractères qui les distinguent sont uniformément l'obtusion plus ou moins marquée des facultés mentales et l'oblitération plus ou moins complète du sens moral.*

Voilà la période en quelque sorte préparatoire de la démence confirmée, de celle que l'on décrit parfois sous le nom de *démence alcoolique*. A ce moment, l'abrutissement complet de l'alcoolisé, la déchéance apparente de toutes ses facultés, le bredouillement incessant de sa parole, son tremblement, les troubles de la mobilité qu'il présente, le font beaucoup ressembler à un paralytique général ; ce qu'il peut, d'ailleurs, toujours devenir. La mort dans le gâtisme termine souvent la triste épopée de notre victime.

En résumé, *candidat à la mort précoce par son usure organique, par les maladies sérieuses des organes importants, le cœur, le foie, le rein, l'alcoolique est candidat encore à l'extinction prématurée de l'intelligence par le ramollissement, l'apoplexie, la paralysie générale.*

Je ne ferai qu'indiquer maintenant, en passant, les autres accidents engendrés chez l'homme par l'usage des spiritueux. Lorsqu'il est saturé d'alcool, le buveur verse épisodiquement dans la folie connue sous le nom de *delirium tremens ;* il devient un *aliéné.* Les conséquences que j'aurai à tirer de ce fait seront considérables. Il serait hors de propos de décrire le délire alcoolique ; j'en rappellerai seulement la phase d'incubation pendant laquelle le buveur, non soupçonné encore d'être un malade, offre des troubles de l'humeur, du caractère, de l'intelligence, qui en font un véritable danger pour lui-même et pour son entourage. En proie à des idées sombres, inquiet, terrifié par des cauchemars affreux, fatigué par l'insomnie, il échafaude des idées de persécution et des conceptions mélancoliques qui le conduisent parfois à des actes violents, homicides même, parfois au suicide. Lorsque l'accès est bien déclaré, le malheureux apparaît manifestement comme un fou aux yeux de tous, et il est interné.

III

Telle est l'action de l'alcool et des spiritueux sur l'homme. J'ai forcément, dans ce tableau écourté, touché du doigt quelques-unes des conséquences de l'intempérance pour le buveur lui-même. Il importe maintenant de mettre mieux en relief ces *conséquences*, immédiates ou éloignées, et de montrer aussi comment, d'individuelles qu'elles sont de prime abord, *elles ne tardent pas à se généraliser à la collectivité tout entière.* Nous avons vu le buveur réagir en face de l'alcool, nous verrons maintenant le buveur réagir contre lui-même, c'est-à-dire contre ses propres intérêts et réagir contre la société. Ce dernier point est capital. Si l'alcoolique, en effet, n'atteignait que lui-même, il ne serait qu'une malheureuse victime à plaindre et à soigner; mais dès lors qu'il peut nuire à autrui, il devient un être dont il faut se garer et que des mesures de sécurité sociale doivent réduire à l'impuissance.

L'étude de l'ivresse, de l'ivrognerie d'habitude et de l'alcoolisme chronique, nous a montré le buveur sous une double face : frappé dans son activité physique et frappé dans son activité intellectuelle et morale. Dans l'un et l'autre cas, il y a retentissement médiat ou immédiat sur la collectivité.

Examinons d'abord les *conséquences du mal physique.* L'alcoolisé, malgré ses apparences parfois florissantes, a une santé précaire; son énergie de résistance est diminuée: il s'ensuit pour lui qu'il offre une très grande *vulnérabilité* à l'égard des influences nocives extérieures et qu'il est, en outre, une victime facile des maladies accidentelles. C'est un fait grave, si l'on considère que l'alcoolisme fait surtout des ravages dans la classe laborieuse, celle qui, par le fait de sa misère, est déjà placée dans des conditions inférieures de résistance. Cet amoindrissement du buveur est aussi bien la conséquence des périodes aiguës de l'ivresse que de l'alcoolisme chronique. On connaît la fréquence de la mort pendant l'ivresse chez les ouvriers pris en hiver par le froid. On sait combien de nos soldats moururent dans ces conditions pendant le siège de Paris. Les accidents professionnels dont l'ébriété est l'occasion ne sont plus à compter.

On sait encore que la *tuberculose*, cette cause si intense de mortalité, choisit ses victimes parmi les buveurs. « Un grand nombre d'individus adonnés aux liqueurs fortes, dit M. Lancereaux, succombent à la méningite tuberculeuse, à la tuberculose pulmonaire ou péritonéale. Les faits que j'ai observés sont tellement nombreux qu'ils en sont effrayants; et la preuve qu'il ne s'agit pas là d'une simple coïncidence, ce sont les caractères particuliers que revêt la tuberculose dans les cas de ce genre, où elle se distingue par la dissémination et la généralisation des tubercules, tout au moins dans les poumons et les membranes séreuses. » Le docteur Gibert, du Havre, après avoir montré que, dans cette ville, chaque habitant consomme par an vingt-sept litres d'alcool, fait remarquer que les quartiers les plus ravagés par la phthisie sont ceux où existent le plus de débits.

Le buveur ne court pas seulement les risques de devenir malade; ses habitudes alcooliques impriment encore à ses maux intercurrents un étrange cachet de gravité, et telle pneumonie, telle fièvre typhoïde qui seraient curables chez un homme sobre, s'accompagnent de délire alcoolique ou de délire aigu rapidement mortel chez l'alcoolique. Ces faits expliquent pourquoi la *mortalité des buveurs* atteint un chiffre si élevé, conséquence déjà préjudiciable à la collectivité. L'alcoolisme devient ainsi, en effet, *une cause importante de dépopulation*.

Et cette cause devient plus importante encore, si l'on considère cet autre fait, que l'alcoolique devient vieux de bonne heure, qu'il cesse de concourir activement à l'harmonie des forces nationales.

De tout cela résulte une *diminution du chiffre moyen de la vie* en France, constatation regrettable qu'on a attribuée avec raison, depuis quelques années, à l'influence de l'alcoolisme.

Si l'alcoolique ne meurt pas jeune, il est annihilé quand même et devient un être coûteux. En effet, c'est un malade chronique à soigner, souvent un infirme à soutenir ; il est, en tout cas, une *non-valeur sociale*. Que de buveurs sont obligés de quitter leur métier, parce que le tremblement dont ils sont affectés enlève toute précision à leurs mouvements ! D'autres se paralysent, d'autres encore deviennent aveugles, etc. Ainsi, incapacité de travail, misère consécutive, charge pour la famille et la société, telle est encore une des conséquences de l'alcoolisme physique.

Mais la diminution de vitalité, cause de dépopulation que je viens d'indiquer, va se montrer sous des apparences plus tristes encore, quand j'aurai examiné les atteintes portées par l'alcoolique à sa descendance.

Tous les médecins ont insisté sur les caractères morbides qui frappent les *descendants des buveurs*. On ne les a probablement pas entendus, car les épouvantables désastres qu'ils ont signalés eussent certainement inspiré déjà des mesures rigoureuses. Permettez-moi d'insister à mon tour sur ce point qui est capital, comme vous le verrez.

« L'alcoolisme, dit M. Lancereaux, ne disparaît pas toujours avec celui qui en est atteint ; mais, dans un grand nombre de cas, il se continue dans la descendance, et cela sous des formes multiples, indéfinies pour ainsi dire, et qui varient depuis la simple tendance à user des liqueurs fortes jusqu'à la dégénérescence complète de l'être humain. Les boissons alcooliques, telles qu'elles sont livrées à la consommation, pervertissent les facultés les plus importantes et les plus nobles de l'homme. Bien plus, elles l'atteignent jusqu'à ses descendants, qu'elles transforment et que trop souvent elles tuent. »

Le même auteur, dont la compétence en matière d'alcoolisme est bien connue, signale encore les stigmates physiques de dégénérescence chez les fils de buveurs, les arrêts de développement du cerveau et du crâne, les paralysies et les convulsions, l'épilepsie, et il fait remarquer que si l'on s'applique à remonter aux antécédents des enfants ou des adultes qui présentent ces désordres, on trouve que, dans beaucoup de cas, les parents se sont laissés aller à des excès de boisson et que ces boissons ont dû jouer le rôle principal dans la genèse des accidents dont sont frappés les enfants.

Le docteur Rotureau démontre par des chiffres, que l'usage de l'alcool est la cause de l'infériorité physique, marquée surtout par une diminution de la taille, que l'on observe chez bien des jeunes conscrits.

« Poussé à ces extrêmes limites, dit encore M. Lancereaux, l'alcoolisme crée en quelque sorte *une race spéciale* qui peut bien se continuer un certain temps avec ses infirmités physiques et ses tendances vicieuses, mais qui, par bonheur, manque d'éléments suffisants pour se perpétuer. Vouée à l'impuissance, elle ne tarde pas à disparaître. La cause la plus importante de la diminution de la population, dans les pays adonnés aux liqueurs fortes, est une excessive mortalité. »

« Les alcooliques, dit M. Coste, transmettent leur infirmité constitutionnelle à leurs enfants. Ceux-ci naissent frappés au coin de la débilité physique ou de la débilité mentale. Tantôt ils meurent en bas âge emportés par les convulsions; tantôt ils sont scrofuleux, rachitiques; tantôt ils deviennent phthisiques à la puberté. Ces dénouements sont bien cruels; mais le châtiment de l'intempérance des parents est encore plus terrible, quand les enfants sont idiots ou faibles d'esprit; plus terrible encore, quand les enfants, intelligents à certains égards, sont vicieux, sans moralité, criminels : toutes conséquences d'un déséquilibre natif qui a son origine dans l'état constitutionnel des parents. »

D'après le docteur Devoisins, observant dans un coin de la Normandie particulièrement ravagé, et où la consommation annuelle atteint 43 litres d'eau-de-vie par tête, la diminution de la population est, là, plus accentuée et plus démonstrative que partout ailleurs. Il y remarque l'augmentation du nombre des idiots, des enfants naturels, des crimes inconnus, les ravages de la scrofule. Dans une commune où l'on s'adonne le plus à l'eau-de-vie de cidre, il ne connait aucune famille qui ne soit tributaire de cette dernière maladie.

Je pourrais, sans difficulté, multiplier ces citations. Elles sont si abondantes, si uniformes, qu'elles entraînent une triste conviction. J'ai hâte de les confirmer de mon expérience personnelle, en donnant quelques chiffres nouveaux. J'ai eu l'occasion d'examiner de près 215 familles d'alcooliques qui m'ont fourni un total de 814 descendants répartis dans 3 générations successives. Or, sur 814 hérédo-alcooliques, 427, c'est-à-dire près de la moitié, sont devenus alcooliques eux-mêmes. — 60 % offraient des signes manifestes de dégénérescence physique ou intellectuelle. J'ai compté 14 % de cas de folie morale. Plus de 1/5, soit 22 %, a été décimé par des convulsions infantiles. L'épilepsie m'a donné le chiffre de 17 %; l'aliénation mentale celui de 19 %.

Dès la *première génération*, j'ai été frappé par l'énorme diminution du taux de l'intelligence; 88 familles comptent des arriérés, faibles d'esprit, imbéciles ou idiots, tous plus ou moins porteurs de signes d'infériorité physique. J'y note dans la sphère morale : les mauvais instincts, le vice sous toutes ses formes, le mensonge, l'insubordination, la prostitution précoce, la débauche, l'adultère, l'ivrognerie invétérée, les perversions génésiques, l'exploitation de la femme, le vagabondage et le vol; çà et là, des rixes, des voies de fait, des impulsions homicides. Le jugement que j'ai pu porter sur les hérédo-alcooliques à la première génération figure en quatre mots : ce sont des dégénérés, des convulsivants, des alcooliques, des tuberculeux.

A la *deuxième génération*, j'ai constaté un nouvel abaissement du niveau mental. Il n'y a pas de famille qui ne compte un ou plusieurs arriérés. Les faibles d'esprit et les imbéciles abondent ; l'idiotie, dernier échelon qui marque l'anéantissement absolu de l'espèce, n'est pas rare. De même, les délits et les crimes se multiplient, les aliénés ne se comptent plus. Une famille sur deux renferme des épileptiques ; convulsions, méningite, épilepsie, voilà une triade de syndrômes qui me paraît devoir être signée hérédo-alcoolisme. Quant aux excès de boisson, on les rencontre dans toutes les familles moins huit. J'ai donc pu me convaincre, qu'à la deuxième génération, l'ivrognerie était presque fatale.

A la *troisième génération* enfin, la dégénérescence se généralise. Elle compte, dans mes observations, 17 représentants ; tous sont atteints, à savoir : 2 de folie morale, ils volent, boivent, vagabondent ; 2 sont épileptiques ; 2 sont hystériques ; 4 ont eu des convulsions ; 1 a été atteint de méningite ; 3 sont scrofuleux.

Jetons un coup d'œil sur les *conséquences sociales* de tous ces faits. La première constatation, bien suggestive, qui en ressort, est la *transmission par l'hérédité du goût pour les liqueurs fortes* dans une proportion considérable. Sur un chiffre de 813 faits, M. Lancereaux a constaté l'hérédité paternelle ou maternelle 174 fois. Cet auteur a pu s'assurer que, le plus souvent, l'exemple était nul ou n'avait joué qu'un rôle accessoire, et que la tendance à faire usage de boissons alcooliques était, contrairement à l'opinion de Magnus Huss, l'effet d'une modification organique héréditaire.

N'y a-t-il pas quelque chose d'attristant pour ceux qui rêvent la disparition de l'alcoolisme, que de se heurter contre une force aussi redoutable que l'hérédité ? Les conséquences de cette transmission éternisent et multiplient le mal dont nous souffrons, en faisant d'innocentes victimes. *Père buveur, fils buveur :* voilà ce que nous enseigne l'observation, et il n'y a pas là le fait seul du mauvais exemple ou de l'imitation ; il y a l'influence d'une fatalité qui dépose dans le cerveau de l'hérédo-alcoolique un goût obsédant pour les liqueurs fortes, goût inconscient qui le fera verser plus tard dans l'ivrognerie. De quels soins, de quelle sollicitude ne doit-on pas, dans l'intérêt commun, entourer les descendants de buveurs !

Ce fait devient plus grave encore, si l'on considère la façon dont se comporte *l'hérédo-alcoolique,* quand il *devient alcoolique lui-même.* Tout d'abord, il rencontre dans son milieu de famille les moyens de faire éclore ses dispositions fâcheuses. La facilité avec laquelle,en effet, les alcooliques s'unissent entre eux est bien remarquable. La débauche de l'ivrognerie se passe en famille. Dans 50 familles sur 215, j'ai trouvé l'alcoolisme convergent. Inutile d'insister pour faire concevoir que les produits de semblables unions sont plus lourdement frappés que d'autres, mais l'alcoolisme de famille explique pourquoi les excès apparaissent si prématurément chez les descendants d'ivrognes. Il n'est pas rare de voir l'appétence pour les liqueurs fortes se manifester dès la *première enfance.* Je l'ai rencontrée à 4 ans et à 11 ans; ordinairement, c'est à l'adolescence. En outre, ces petits malades ont une prédilection marquée pour les excès massifs. Ils sont candidats à l'ivrognerie proprement dite, c'est-à-dire à *l'ivrognerie récidivante.* Ils s'adonnent plus volontiers aux *boissons les plus pimentées ;* il semble qu'en venant au monde, leur palais soit déjà blasé. Enfin, ils présentent à l'égard du poison une susceptibilité plus grande, versent facilement dans la *folie alcoolique ;* ils ont l'ivresse délirante, impulsive et dangereuse, et ce sont eux qui peuplent en grande partie nos asiles d'aliénés.

De semblables résultats donnent déjà la mesure du danger que fait courir l'ivrogne, par sa descendance, à la société. Ce n'est pas tout ; et qui ne voit, dans le nombre des *aliénés* et des *dégénérés,* une nouvelle menace pour l'ordre social ? Qu'il soit dégénéré physiquement ou intellectuellement, l'hérédo-alcoolique est une non-valeur et, par suite, une charge. Enfant, il traîne une existence souffreteuse. Sa débilité mentale le fait repousser des écoles, et il devient l'objet d'une assistance coûteuse dans les asiles spéciaux qui lui sont consacrés. Hanté par de mauvais instincts, on le voit s'échouer souvent dans une maison de correction. Plus tard, il n'est qu'un piètre soldat, si tant est que ses aptitudes physiques soient jugées suffisantes. Dans la vie, il est rarement à la hauteur d'une situation utile. En quête de travail, instable, déséquilibré, il grossit la liste des déclassés. C'est donc un être improductif, inutilisable. S'il échoue dans un asile d'aliénés, vous savez ce qu'il coûte aux départements. Le département de la Seine dépense plus de huit millions pour ses aliénés, dont une moitié représente hardiment des descendants d'alcooliques ou de buveurs. L'hérédo-alcoolique fait donc, par la faute de ses parents, une large brèche au *capital intellectuel du pays*. Et il en fait une non moins grande à son budget. A l'heure présente, où la lutte pour la vie devient de plus en plus âpre, où l'on recherche avidement toutes les sources d'économie, il n'était pas inutile de montrer où allait l'argent.

Que dire de la *désorganisation morale de l'hérédo-alcoolique?* Qu'il soit un insuffisant, c'est triste ; on l'entretient, on dépense un argent précieux pour tenter de l'améliorer ; qu'il soit un aliéné, c'est plus triste encore; c'est un malade que l'on soigne à grand renfort de finances ; qu'il soit coûteux pour la fortune publique, c'est fâcheux assurément, bien que les plaies d'argent se cicatrisent ; mais qu'il soit un être dangereux pour l'ordre public, la sécurité et la vie des personnes, voilà qui devient difficilement supportable. Vicieux, débauché, impulsif, apte à tous les crimes, en révolte constante contre l'ordre des choses reçues, il devient l'hôte habituel des prisons, il grossit plus que tout autre l'armée des récidivistes. Je laisse à penser quel bénéfice à rebours la société doit tirer d'un tel être. Or, parmi les malfaiteurs qui encombrent nos prisons et nos bagnes, comptez les buveurs et les fils de buveurs. Ils le sont tous, ou à peu près tous.

Que dire, enfin, de *l'épileptique?* Vous savez les dangers de sa maladie. L'épileptique est doublement redoutable par sa névrose et par les impulsions aveugles, irrésistibles qui la caractérisent. C'est un agent inconscient du crime, irresponsable des désastres énormes qu'il commet chaque jour. Il grève encore le budget en séjournant pendant de longues années dans les asiles que le besoin d'assurer la tranquillité publique a fait ouvrir. Par sa descendance il est encore redoutable ; car il est peu de maladies qui se transmettent aussi sûrement par l'hérédité que l'épilepsie.

Ainsi donc, *brèche au capital intellectuel, brèche aux finances*, voilà la morale à tirer des considérations forcément succinctes que je viens de vous présenter. L'hérédo-alcoolique nous apparaît jusqu'ici, en somme, comme un dégénéré, un alcoolisé, un faible, un convulsivant, un aliéné. Triste tableau! En raison de cette quintuple production de phénomènes pathologiques, l'alcool doit être considéré comme une *cause de dégénérescence intellectuelle et morale de l'espèce, comme un danger pour la société, comme une source de dépenses budgétaires inutiles.*

IV

Mais ce n'est pas tout encore ; et nous ne sommes pas au bout de nos douloureuses surprises, si nous voulons fouiller à fond la valeur de l'héritage transmis par les ivrognes à leurs enfants et, par suite, à la société. Examinons maintenant plus en détail cette grave question de la *dépopulation*, que je n'ai fait qu'effleurer et qui, comme vous le savez, est à l'ordre du jour depuis quelque temps; nous allons voir grandir encore les pertes du pays.

Le nombre des enfants qui disparaissent dans les premières années de la vie est terrifiant. Un cri d'alarme a été jeté : « Nous nous dépeuplons! » La dernière statistique officielle révèle en France, pour 1893, un excédent de 20.041 décès. La débâcle a donc commencé. Ouvrons l'œil. Voyons un peu la part de l'alcoolisme dans cette catastrophe qui nous menace.

On a cherché partout les *causes* de la dépopulation; on a dressé des listes interminables; on a discuté publiquement la question à la tribune académique. On n'a pas parlé, ou très peu, de l'alcoolisme, par cette seule raison, j'en suis convaincu, que l'on ne croit pas encore à la diffusion du fléau, que l'on suppose éparses les victimes mortelles de l'alcoolisme, tandis qu'elles sont groupées en un faisceau éloquent. Et, pourtant, il n'est pas un médecin qui n'ait tracé en des termes émus le portrait physique de l'hérédo-alcoolique, qui n'ait montré son faible degré de résistance, son incapacité de lutter pour vivre. Non seulement le buveur se tue par l'alcool, mais *il tue ses enfants*. J'ai soigné, je l'ai dit, 215 familles d'alcooliques, représentant 814 descendants. Eh bien! voici des chiffres. Sur ces 814 unités, 16 sont mort-nées, 37 sont nées avant terme, 121 sont mortes dans la première année de leur vie. Donc, 174 hérédo-alcooliques sur 814 connus ont disparu avant ou presque avant de vivre, c'est-à-dire plus d'un cinquième. Cette révélation est sinon surprenante, du moins quelque peu terrifiante, surtout quand on songe qu une grande partie de ces décès eussent pu être évités.

Or, que la misère, que la prostitution, que la syphilis, que l'existence de certains impôts onéreux, que la volonté même d'un nombre considérable de procréateurs, etc., soient de sérieux obstacles à la repopulation, je ne saurais en disconvenir; mais que dire, quand on présente une statistique précise, qui établit que sur 814 héritiers de buveurs, 174 ont été, de par l'empoisonnement de leurs parents, stérilisés à la première heure et perdus pour la société? Ce que ma statistique personnelle démontre sur une modeste échelle, une statistique d'ensemble pour toute la France le démontrerait mieux encore, et j'appelle de tous mes vœux une pareille statistique, à laquelle on n'a pas songé encore. Ce n'est qu'avec des chiffres, avec des réalités qui crèvent les yeux, que l'on peut frapper de grands coups. N'est-il pas clair, maintenant, que *l'alcoolisme doit être considéré comme une cause puissante de dépopulation*, et cela moins encore parce qu'il tue l'ivrogne lui-même que parce qu'il fait disparaître sa progéniture?

Et de semblables pertes s'expliquent facilement. Si l'alcoolisé chronique est, à une période assez avancée de sa vie, heureusement frappé de stérilité, il en est différemment à la période encore active de sa vie. Grâce à l'excitation alcoolique, il est, en général, très prolifique. Or, que peut-il procréer en état de maladie? On a signalé déjà l'état des *enfants procréés pendant l'ivresse* des parents. Ceux-là sont frappés à coup sûr, et immédiatement. S'ils ne meurent pas en naissant, ils sont idiots ou épileptiques. Mais les *enfants procréés au cours de l'intoxication chronique* ne valent guère mieux. « Visitez une crèche, dit le docteur Du Bois, et vous constatez que les enfants nés de parents alcoolisés se distinguent, dès le premier abord, de leurs camarades. Les femmes chargées de soigner et de garder toute la troupe de ces petits êtres ne s'y trompent jamais et reconnaissent, à première vue, le vice héréditaire. Ce qui frappe tout d'abord chez ces enfants, c'est un aspect malingre, chétif, étiolé. Cet aspect, très caractérisé pendant les premiers mois de la vie, persiste parfois pendant plusieurs années, jusqu'à ce que l'enfant ait pris le dessus, ce qui n'arrive qu'aux plus robustes. En même temps, tous ces petits enfants sont plus sujets que les autres à contracter des maladies, et toutes les fois qu'une épidémie sévit sur la crèche, ils sont les premiers atteints et ceux qui paient le plus lourd tribut à la maladie. Leur développement est lent et difficile, et le chiffre total de la mortalité qui les décime est effrayant. » *Minus habens* au point de vue intellectuel et moral, l'hérédo-alcoolique est donc encore un *minus habens* au point de vue physique, et sa disparition précoce en est la conséquence.

V

Quelle *conclusion* tirer de la première partie de cette étude? L'alcoolisme est un mal qui s'attaque aux forces vives de la population; il les altère, les diminue, les anéantit. Il est d'abord une cause puissante de déchéance psycho-physique pour l'espèce. En multipliant par la voie héréditaire le nombre des faibles d'esprit, des criminels et des aliénés, le poison contribue pour une large part à abaisser le niveau mental des masses. La brèche faite au capital intellectuel a son pendant dans la brèche faite au capital humain, fruit de la multiplication des morts prématurées. Les faibles, les arriérés sont des êtres improductifs, partant inutiles. Leur infériorité tend à ramener la société en arrière, aux temps reculés où, à l'aurore du progrès, celle-ci ne se composait que d'êtres incultes, à cela près que ces êtres incultes avaient le progrès en puissance, tandis que le dégénéré est un être décadent entraîné par un courant qu'il ne saurait plus remonter. Ne sont-ce pas là des pertes ruineuses pour le pays ? La vie humaine a une valeur représentative en argent, à la condition que tous les rouages de l'unité vivante restent intacts et concourent, par un jeu régulier, au bien-être de la collectivité. Déséquilibrez la machine, elle devient inutile, même nuisible et coûteuse ; car c'est une machine à entretenir quand même. A ce point de vue, l'hérédo-alcoolique qui disparaît de bonne heure coûte moins cher que le dégénéré qui vit jusqu'à un âge avancé.

L'alcoolisme est donc *une force qui nous pousse insensiblement vers la décadence, et peut-être vers l'anéantissement par la destruction de nos ressources pécuniaires, par la permanence d'un danger public, et surtout par la soustraction incessante d'unités vivantes.* Ce n'est pas sans raison qu'on dose la force d'un peuple d'après le chiffre et la vigueur de ses enfants. Le pays ne peut rester indifférent à un mal qui le prive de ses enfants et le conduit à la ruine. Or, l'alcoolisme m'apparaît comme un vaste suicide social. Ne regrettons pas outre mesure ses victimes disparues, nous savons qu'elles sont abâtardies et, par suite, un déchet social; mais regrettons la somme d'énergie qu'elles eussent représentée, si, nées dans des conditions hygiéniques plus normales, elles eussent pu concourir au maintien de l'équilibre national. N'oublions pas, encore, qu'elles eussent pu être sauvées ; car elles ont été victimes d'un mal que notre seule insouciance a laissé s'enraciner.

VI

Je ne pouvais vraiment terminer l'examen des conséquences de l'ivrognerie pour la descendance et. par suite, pour la société, sans présenter quelques conclusions. Ce n'est pas à dire pour cela que j'en aie fini avec l'étude des conséquences générales de l'ivrognerie. A vrai dire, j'ai épuisé un des points les plus importants de la question, et, en raison de son importance, on me pardonnera les détails dans lesquels je suis entré. L'alcoolisme, en effet, importerait moins, si nous ne devions avoir l'attention fixée avant tout sur le lendemain, c'est-à-dire sur l'avenir du pays ; si, en un mot, l'alcoolisme n'était qu'un mal accidentel. Je ne crains l'alcoolique que parce qu'il fait souche d'êtres maladifs, qu'il infiltre son mal dans l'âme même du pays et qu'il assombrit son horizon.

Mais l'alcoolique ne désagrège pas seulement l'édifice social par sa descendance, il sape encore ses fondements actuels par des atteintes multiples qu'il convient d'examiner. Elles vont ressortir maintenant plus particulièrement de l'étude des *conséquences intellectuelles et morales de l'alcoolisme.*

J'ai indiqué sommairement, parmi les symptômes de l'alcoolisme, l'affaiblissement de l'acuité intellectuelle et la disparition plus ou moins rapide du sens moral. Il me faut insister un peu sur le mécanisme de ces altérations et sur les conséquences désorganisantes qu'elles entraînent immédiatement du côté de l'équilibre cérébral, parce qu'elles donnent la clé des attitudes variées que l'on observe chez le buveur lorsqu'il est appelé à réagir contre les milieux ambiants.

« Une fois que la boisson commence à faire sentir son action enivrante, dit M. Lentz, l'homme éprouve une modification dans sa constitution intellectuelle et morale. Intellectuellement et moralement, il n'est plus le même homme. Ne fût-il qu'étourdi par la boisson, il n'est plus le même homme qui pense, qui raisonne, qui agit d'une manière calme et posée, qui calcule la portée de ses actes avec clarté et lucidité, en un mot qui est dans la plénitude de son libre arbitre... Son « moi » moral est devenu ou bien l'opposé de ce qu'il était antérieurement, ou bien l'exagération morbide de ce qu'il est à l'ordinaire. Il est donc impossible que l'ébrieux juge encore les choses extérieures, ses actes propres et leurs conséquences avec le même esprit, les mêmes dispositions que celles auxquelles il était habitué. Il parle et agit avec une précipitation qui exclut l'attention, la réflexion et, par conséquent, un jugement sain. Son imagination lui représente les choses sous d'autres couleurs, sous une teinte qui ne constitue pas leur normale. Comment un homme, agissant dans de pareilles conditions, pourrait-il jouir du même libre arbitre que celui dont il jouit quand il est dans un calme parfait ? »

Eh bien ! il faut songer que c'est là l'état habituel de milliers d'individus que nous coudoyons tous les jours. Quel fond peut-on échafauder sur eux, quelle confiance leur accorder ? Sont-ce là des citoyens dont on puisse être fier, et ne peut-on pas tout attendre d'êtres qui sont perpétuellement dans ce demi état de folie ?

Cette situation d'esprit, que nous a excellemment retracée le docteur Lentz pour l'ivrogne, est la même exactement, on le sait, pour l'alcoolisé chronique. Mais il est plus dangereux en ce sens que l'intoxiqué chronique ne se présentant plus sous les dehors de l'ébrieux, qui éveillent fatalement la méfiance, en impose par ses apparences d'homme raisonnable et jouissant de sa libre volonté. La vie cérébrale tout entière de l'alcoolisé chronique n'est, en somme, qu'un long état de semi-ébriété. Chaque verre que l'absinthique ajoute tous les jours aux précédents, lui enlève une nouvelle quantité de cette force morale qui, seule, peut donner à l'homme la pensée qu'il est supérieur aux autres êtres. Chaque jour, des lésions, lentement progressives, rétrécissent un peu plus le territoire de ses aptitudes intellectuelles ; petit à petit, ses facultés s'égrènent ; finalement, l'intelligence sombre.

Mais *une force surnage toujours* et échappe à la submersion : elle est capitale parce qu'elle devient le moteur habituel du buveur ; *c'est celle qu'il puise dans les acqui-*

sitions instinctives de sa nature bestiale; c'est cette force qui, en temps ordinaire, gît au fond de l'inconscient, habilement refrénée par la raison et masquée par cette sorte de vernis intellectuel qui sépare précisément l'homme de la brute. Au fur et à mesure que l'acuité de l'intelligence s'émousse, les fonctions matérielles, les penchants, les passions, les impulsions de l'instinct émergent. Aux sentiments purement intellectuels d'altruisme, se substituent des sentiments inférieurs d'égoïsme, et cette transformation devient la clé de voûte de toute l'activité du malheureux empoisonné. Tout ce qui peut converger vers sa satisfaction propre devient l'appât de sa vie. Vous ne trouverez pas autre chose dans la physiologie cérébrale du buveur.

Donc, les grandes idées disparaissent; les sentiments généreux, moteurs des belles actions utiles à la collectivité, la bonté, la charité, l'amour du semblable, tout cela s'atrophie pour faire place à des sentiments étroits, pour mieux dire, à de simples sensations dont le premier effet est de satisfaire l'animalité de notre individu au détriment d'autrui. Si l'expansivité, le sacrifice, le dévouement sont les caractéristiques morales de tout homme civilisé, jouissant de sa raison, *la continence des penchants généreux, l'amour de soi-même, deviennent les caractéristiques de tout homme adonné à la boisson.*

Etonnez-vous, alors, des conséquences de l'ivrognerie pour la *famille* et la *société!* Dans sa vie privée, comme dans sa vie publique, toujours l'homme, dès qu'il est asservi par sa passion pour l'alcool et que son intelligence décline, apparaît profondément démoralisé, étranger à ses devoirs, dont il n'a plus le sentiment, oubliant le respect qu'il doit avoir de sa dignité et la considération qu'il doit professer pour autrui. Voyez s'il se repent quand il a, pendant l'ivresse, offert aux siens ou au public le spectacle écœurant de l'homme qui se ravale au niveau de la brute, roulant dans le ruisseau, incapable de coudre deux idées saines, en butte aux quolibets de la multitude. Il n'a que le souvenir d'une joyeuse bombance et s'apprête à recommencer dès que l'occasion s'en présentera.

Il est des milieux où l'ivrognerie est bien portée, où il faut savoir bien boire pour être un homme. Il y a des corporations où l'ivresse périodique est de règle.

Or, rien n'est pernicieux pour les masses comme *l'exemple* d'un pareil désordre ; rien ne tend mieux à faire perdre à l'observateur l'idée bienfaisante et stimulante que l'homme doit sa supériorité à l'empire qu'il a sur lui-même. *La vue de l'ivrogne est profondément décourageante.* Lorsque l'enfant voit son père ivre, il perd le respect qu'il lui doit, il s'en méfie, il le craint. Ainsi se distendent déjà les liens qui doivent donner au foyer toute son homogénéité. Déjà l'enfant fuit volontiers la maison paternelle, il court au dehors, s'expose à des dangers ; il n'est plus retenu par une autorité bienveillante et amie ; il glisse sur une fatale pente. Souvent, alors, l'exemple qu'il recueille chez lui, celui qu'il rencontre dans les rues, l'entrainement à boire auquel parfois le soumet un père désireux de faire partager sa débauche à son entourage, sans doute pour s'éviter des reproches, tout cela insuffisamment contrebalancé par les influences venues d'ailleurs, aidé enfin puissamment par cette fatale hérédité qui pèse sur lui, tout cela, dis-je, précipite l'enfant vers une déchéance morale dont l'abus des liqueurs fortes marquera la première étape.

Mauvais père, l'ivrogne sera encore *mauvais époux.* Rien ne peut plus l'intéresser à son intérieur ; il a perdu pour objectif l'organisation du bonheur et de la paix dans le ménage par l'apport de son gain, par l'épargne. Il déserte le foyer conjugal dès lors qu'il n'y trouve pas la liqueur favorite à laquelle, désormais, il a voué ses seules affections. Que d'épouses ont volontairement fait l'emplette de la boisson enivrante pour disputer le mari au cabaret et le retenir au logis ! Ce triste subterfuge, bien excusable en raison de son but, ne suffit que bien rarement et n'est, d'ailleurs, pas un remède. Car, dans cette vie du dehors qui s'est substituée pour le buveur à la vie paisible du dedans, il y a autre chose que l'attirance de l'alcool ; il y a le compagnonnage de débauche, il y a la griserie des propos obscènes, des chansons grivoises, cette étourdissante atmosphère du cabaret, qui constituent l'assaisonnement habituel de la boisson et qui donnent à l'alcoolique ces sensations étranges, anormales, dont son individualité psychique est comme pétrie et qu'il recherche impérieusement dès qu'il en est sevré. Voilà bien la preuve de l'action démoralisante de l'alcool et du cabaret, mais nous la retrouverons plus loin quand nous parlerons de l'alcoolisme collectif.

Restons un peu encore au sein de la famille et achevons de la voir se désorganiser. Le chef de famille dissipe son gain au dehors ; que d'ouvriers rentrent ivres-morts à la maison, les jours de paye, sans un sou dans la poche ! La femme s'insurge, si par bonheur elle n'a pas partagé la débauche du mari, ce qui se voit souvent. Des propos, des coups même sont échangés. La femme prend en aversion celui qui devait être son soutien, son conseil. Elle s'efforcera désormais de se substituer au chef de famille, d'alimenter le foyer par son seul travail. Mais elle a beaucoup d'enfants, elle est souvent de ce chef infirme ; son gain n'est pas suffisamment rémunérateur, on le sait ; la misère l'installe à la maison. On a recours à la charité, à l'assistance publique. Combien de mendiants, d'assistés, ne sont que des victimes de l'ivrognerie du chef de famille ! Heureux si la femme, profondément dégoûtée, ne court pas à l'adultère, à la prostitution ! *Misère, mendicité, prostitution, adultère, voilà l'œuvre de l'ivrogne.*

Qu'est devenu *l'enfant*, dans cette occurrence ? cet être qui représente l'avenir et qui, pour ce motif, doit être l'objet d'une prédilection marquée ? Il est abandonné, souvent il vagabonde ; on le dresse parfois à la mendicité ; il fait son apprentissage de vaurien et devient, par la faute de son père, un être dangereux. Dans des cas moins graves, l'enfant, privé de cette atmosphère de sentimentalité dont il a tant besoin, devient mûr avant l'âge ; il maudit ses parents. Il lui entre au cœur comme un dégoût anticipé et inconscient de la vie, et ce triste dépôt fera de lui plus tard un de ces hommes blasés, haineux, jaloux, misanthropes, comme l'on en connait tant, et qui ne rêvent que bouleversement social. Que pourraient-ils rêver autres choses, ces malheureux êtres qui ont reçu une pareille éducation, chez qui toute aspiration, tout sentiment noble et généreux s'est trouvé étouffé ?

Pour n'être pas aussi profond, le désordre de la famille n'en existe pas moins toujours, à un degré quelconque, dès que l'usage habituel de l'alcool s'installe au foyer. L'ivrogne intermittent a des journées de chômage ; mésestimé comme ouvrier, il gagne moins que d'autres ; il prive les siens d'une aisance nécessaire. Et, fatal cercle vicieux qu'il crée par ses habitudes, ne trouvant plus chez lui cette aisance qu'il a détruite, il vit de plus en plus au dehors, compromettant de plus en plus la situation. D'autres fois, malade, infirme par le fait de ses excès, il abandonne tout à fait le travail, il tombe à la charge des siens ou réclame un lit à l'hôpital.

Les conséquences de l'intempérance, en dehors de l'ivrognerie d'habitude, pour être moins apparentes au sein de la famille, n'en sont pas moins appréciables. Ce n'est pas chez lui, en général, que l'amateur des boissons spiritueuses s'adonne à son penchant. Les stations qu'il fait au cabaret, ou, quand il est un bon bourgeois, à l'estaminet où il fume, joue, lit les gazettes, traite ses affaires, lui font tout d'abord partager la vie de famille en deux parts, dont l'une est consacrée à cette vie énervante et inutile du pilier de café. Peu à peu il y passe la majeure part de son temps, toutes ses soirées ; il rentre chez lui comme il irait coucher à l'hôtel. Cette existence indique déjà qu'il a perdu son ancienne considération pour sa compagne, qu'il juge probablement insuffisante et qu'il délaisse. Ce n'est plus un époux ; il ne tarde pas à n'être plus pour ses enfants qu'un banquier chargé de subvenir à leurs besoins ; toute direction morale lui échappe ; il se prive tout doucement des joies du foyer. Combien connaissons-nous d'honorables bourgeois dont nous serrons la main chaque jour, et qui rentrent dans cette catégorie ? Il n'y a plus là, vous le devinez, qu'un semblant de famille. La mère vit de ses propres relations, le père vit des siennes ; l'enfant tend à s'extérioriser de plus en plus, à prendre enfin de ces allures d'indépendance qui sont si préjudiciables à son avenir.

Ainsi donc : *ruine de l'équilibre de la famille, ce noyau dont l'intégrité est si importante pour la bonne harmonie sociale, misère du foyer, démoralisation, abandon de l'enfance, mendicité, prostitution, vagabondage, etc., voilà les conséquences de l'alcoolisme individuel.*

Transportons-nous maintenant du foyer domestique dans la *société*. Le bien-être collectif n'est constitué, vous le savez, que par la somme des bien-êtres individuels. La misère qui s'installe au foyer devient fatalement une des sources de la misère sociale, qui, elle aussi, est constituée par la somme des misères individuelles. Et l'on sait que le *paupérisme*, cette autre lèpre qui nous dévore, s'est accru parallèlement avec les progrès de l'alcoolisme. Cela va de soi. C'est ainsi que l'alcoolisme devient encore, indirectement, une source de *charges pour l'Etat*, qu'il nécessite un maniement important de fonds dans le but unique de subvenir aux frais de l'assistance. Il grève donc une partie de la fortune publique d'un nouveau complément de dépenses inutiles.

Cette augmentation du chiffre des dépenses s'accroît encore par ce double fait que l'alcoolique vient s'échouer souvent soit dans un *asile d'aliénés*, soit dans une *prison*. Si le buveur ne faisait du mal qu'à sa santé, ce serait un bien grand mal déjà ; mais il perd la raison, tout comme il la fait perdre à ses enfants. Le nombre des aliénés internés pour cause d'alcoolisme est effroyable. Il est des asiles, en particulier dans les centres ouvriers très denses, où la population est presque exclusivement composée d'alcooliques. D'autres aliénés, non moins nombreux, ne sont pas atteints de folie alcoolique proprement dite, mais, prédisposés à la folie d'une manière quelconque, ils sont devenus aliénés, à la faveur d'une mauvaise hygiène dont l'alcool a formé la base. Le nombre des fous s'est accru depuis que l'alcoolisme sévit. Les buveurs forment dans les asiles une population flottante qui se renouvelle incessamment. Certains sont séquestrés un grand nombre de fois ; ils font, pendant toute leur vie, la navette entre la condition libre et celle de l'aliéné séquestré ; ce sont les vrais récidivistes de la folie. Un grand nombre, enfin, se suicide.

Comme conséquence de ces faits, j'aperçois la nécessité de *frais énormes d'entretien* ; en outre, l'aliéné alcoolique est un *danger pour la sécurité publique*. Ses hallucinations, ses réactions violentes sous l'empire du délire, engendrent des crimes, des délits, surtout contre les personnes. Le meurtre même peut en être la conséquence. En outre, dans les périodes qui séparent ses diverses séquestrations, le buveur procrée ces êtres abâtardis que j'ai fait connaître. Non seulement, enfin, il impose à la société des charges écrasantes, mais il lui fait perdre le bénéfice de son activité, s'il était bien portant ; double perte pour elle. Sur la fin de ses jours, l'alcoolisé chronique, perclus, paralysé, gâteux, augmente encore le chiffre des hospitalisés.

J'ai dit que l'alcoolique devenait parfois un *criminel*. Je ne parle plus, ici, des actes répréhensibles qu'il commet dans l'ivresse ou au cours du délire alcoolique, et dont l'imputation peut être discutable, mais des actes que commet le buveur d'habitude, actes qui lui sont conseillés par sa démoralisation, fruit de ses excès. Il suffit de parcourir les faits-divers, la gazette des tribunaux, pour se convaincre du nombre énorme de délits et de crimes qui n'ont pas eu d'autre cause que l'alcool. J'ai dit déjà que presque tous les détenus sont alcooliques. L'alcool est donc une cause d'augmentation du chiffre de la criminalité, et l'on peut dire que si l'alcoolisme venait à disparaître, on verrait s'ouvrir une ère de tranquillité incomparable. Enfin, tout individu emprisonné, comme tout hospitalisé, est à la charge du contribuable, et je laisse à penser de combien pourraient être diminués les impôts, si du jour au lendemain on voyait disparaître les crimes dus à l'alcool.

Donc, *démoralisation publique, accroissement de la folie et de la criminalité, danger permanent, accroissement des charges de l'Etat, contre-coup sur la fortune privée, voilà les conséquences du retentissement social de l'alcoolisme individuel.*

VII

Le coup-d'œil rapide que je viens de jeter sur l'alcoolisme individuel, ne donne qu'une faible idée encore des profondeurs du mal social engendré par le fléau. C'est qu'en effet, l'alcoolisme individuel n'est qu'une fonction de *l'alcoolisme collectif* qui l'engendre la plupart du temps, et dont il me reste à parler.

Quand je parle d'alcoolisme collectif, je n'entends plus désigner les atteintes portées à la collectivité par l'alcoolisme individuel ; j'entends désigner une *forme bien parti-*

culière de l'empoisonnement, qui naît de l'organisation même de l'homme en société ou en groupes, et dont les origines et surtout les effets sont quelque peu différents de ceux de l'alcoolisme individuel. Ce ne sera donc plus l'alcoolique seul, en tant qu'unité nuisible, que je considérerai ; c'est l'ensemble, *la masse des alcooliques* que j'essaierai de surprendre dans ses diverses manifestations ; c'est la somme et la forme spéciale de puissance nocive contenue dans un groupe d'êtres alcoolisés que je chercherai à mettre en lumière.

L'homme a une tendance toute naturelle à se grouper en *agrégats sympathiques*, groupements heureux ou malheureux, bienfaisants ou malfaisants, constitués en tout cas par l'attrait d'un but commun, par la recherche d'une fin déterminée. Ainsi fait l'alcoolique qui, instinctivement, se rapproche de ses pareils, et de cette association tacite naît un *état moral collectif*, produit direct de l'alcoolisation, qui engendre toute une série de faits que l'alcoolisme individuel serait impuissant à engendrer seul. Il donne, par suite, au fléau dont nous nous occupons, une physionomie bien curieuse qu'il est utile d'examiner. Les hommes en gros valent souvent moins qu'en détail, a dit justement M. Tarde ; cette remarque va trouver immédiatement son application ici.

L'homme ne boit pas seul, à moins qu'il ne soit un malade ; on peut dire même que s'il ne vivait pas en société, l'alcoolisme serait éteint depuis longtemps. Et c'est dans les groupements d'individus aux mêmes tendances, subissant les mêmes influences, souffrant les mêmes maux, ayant les mêmes aspirations et les mêmes origines, faisant le même travail, que naissent primordialement les habitudes alcooliques. Les *centres* de ces agrégats sont très nombreux et sont constitués par les divers milieux sociaux, industriels, ouvriers ou autres, où se réunissent les hommes appelés par les besoins de leur vie extérieure ou professionnelle : ateliers, usines, mines, etc. Leur *trait d'union*, c'est le cabaret ou l'estaminet ; c'est leur point de ralliement. Leur *mot d'ordre* est l'alcool, et c'est à lui qu'ils viennent emprunter les éléments d'entretien de leur association ; c'est lui qui en est le véritable lien inavoué. Grâce à ces traits d'union, les buveurs forment un vaste groupement dont les ramifications s'insinuent dans le pays tout entier, qu'elles enlacent dans un réseau serré et perfide, et dont l'intelligence, la moralité, reproduisent, trait pour trait, l'intelligence et la moralité de l'alcoolique pris individuellement, mais avec quelque chose en plus.

On y retrouve tous les éléments composites de *l'état mental des collectivités inférieures*, les mêmes penchants, les mêmes passions, les mêmes désirs, les mêmes sentiments; ils sont les éléments conditionnels même du nouveau groupement, qui n'existerait pas sans eux.

Voyons comment fonctionne cette unité aux mille têtes et aux mille bras en ce qui regarde la propagation de l'alcoolisme. Son principal mode d'action est *l'exemple*, l'entraînement, la contagion. L'homme les subit, c'est un fait connu, avec la plus grande facilité. C'est la première raison de ses excès. C'est du groupement que naissent les *habitudes hygiéniques* mauvaises, les *préjugés*, les *coutumes professionnelles*. Que serait le fameux coup du matin, la régalade, le coup de l'étrier, l'habitude de tuer le ver, le coup de quatre heures, la rupture du travail à toute heure du jour pour aller boire, si l'ouvrier était seul ? L'usage des tournées où l'on s'excite mutuellement à boire pour ne pas être en reste après une offre, par un sentiment d'orgueil bien humain, existerait-il sans le groupement ? La généralisation du pousse-café et de l'apéritif n'est due qu'à la suggestion de l'exemple par les yeux et la parole. A l'atelier, au cabaret, on s'entretient des vertus du vin qui soutient, des amers, des absinthes qui tonifient, donnent, paraît-il, de l'appétit. L'esprit se bourre peu à peu de préjugés absurdes qui s'y intronisent et deviennent autant d'articles de foi. Veut-il rester sobre? l'ouvrier est en butte aux railleries de ses camarades; on le traite de femmelette, on éveille chez lui des sentiments de vanité, d'amour-propre, auxquels il succombe à moins qu'il ne soit bien fort. Et le malheureux apprenti? il s'exerce à boire pour faire comme les hommes. C'est lui-même qu'on expédie au cabaret pour faire les provisions. Que de travailleurs ont pris ainsi, sans s'en douter, des habitudes de boisson, au cours d'un apprentissage mal dirigé!

A *l'armée*, cet autre groupement, de quels quolibets n'est pas victime l'homme qui a le malheur d'être atteint de sobriété manifeste! Combien d'hommes entrés tempérants au régiment en sont partis définitivement gagnés aux habitudes alcooliques! C'est ainsi, par l'exemple, la contagion, le préjugé que naissent la plupart des coutumes professionnelles. Cela est si vrai, que dans une profession déterminée, c'est, en général, la même boisson spiritueuse qui est absorbée. On connait, par exemple, les ravages que fait le vulnéraire chez les blanchisseuses et l'eau de mélisse chez les femmes de chambre.

Tous ces faits rendent un compte très exact de la genèse de l'alcoolisme au sein des groupes sociaux qui se chargent de l'entretenir après l'avoir engendré. Parti de là, le contagionné importe le mal partout où il se trouve et s'efforce de faire de nouveaux adeptes. Il forme à son tour le noyau futur d'un nouveau groupement. Ainsi gagne le mal, de proche en proche. Le mal rayonne de ces groupes vers la famille, où nous l'avons vu déjà sous le nom d'*alcoolisme individuel*, et vers la société, où je le nomme *alcoolisme collectif*.

Voyons ses *conséquences*. Dans la famille, nous les connaissons déjà : diminution de l'aisance, perte de l'épargne, puis la misère; rupture des liens qui unissent l'homme à la femme, le père aux enfants, c'est le désordre, la débâcle; je n'insiste pas.

Dans la société, les conséquences sont d'un autre ordre. La collectivité alcoolisée va faire œuvre personnelle, massive, comme un seul individu ; mais elle produira des effets bien spéciaux en raison de l'énormité de sa force brutale, qu'elle emprunte à la multitude, passive malgré ses allures indépendantes, qu'elle synthétise. Les manifestations extérieures de ce grand organisme intoxiqué seront très variées.

L'alcoolisme collectif est d'abord un *obstacle à la régularité comme à la continuité du travail ;* il nuit, par suite, à la *production de la richesse.* Les affaires industrielles et commerciales sont les premières à en souffrir. Les journées volontaires de *chômage,* l'habitude de faire le *lundi,* élevée à la hauteur d'un principe dans beaucoup de corporations ouvrières, n'a pas d'autre origine que l'entraînement collectif. Et ce fameux lundi de paresse, qui se prolonge d'ailleurs quelquefois jusqu'au milieu de la semaine, est initialement dû à l'influence attractive du cabaret ; il est entretenu par lui. L'ouvrier isolé ne fait pas le lundi ; il a plus conscience que l'ouvrier groupé qu'il a besoin de son travail. S'il le fait, c'est qu'il en a pris l'habitude dans un milieu ouvrier où il a fréquenté, ou qu'il travaille pour l'un de ces groupements où le chômage du lundi est en honneur. Or, d'après les calculs de Rochard, il faut évaluer à 1 milliard 340 millions la valeur de ces *journées de travail perdues* par le fait de l'influence alcoolique sur les milieux ouvriers.

Que devient cet argent ? Perdu pour le travailleur, il est en outre immobilisé pour le producteur, puisque le travail chôme. J'avais donc raison de dire que l'alcoolisme collectif était une cause de souffrance pour les affaires.

Que devient, pendant ce temps, le travailleur ? Tous ceux qui ont fréquenté les milieux ouvriers le diront comme moi. La majeure partie du temps se passe au cabaret, où l'on dépense ce que l'on n'a pas gagné. Je viens de donner un chiffre qui représente les journées de travail non perçues. Sachons encore que, d'après les évaluations de M. Le Play, les dépenses faites par certains ouvriers au cabaret, ou à l'occasion du cabaret, atteignent annuellement 700 francs.

Les jours qui suivent le chômage sont mauvais pour le travail ; on est sans vigueur, il faut cuver son vin. Nouvelle source de *perte et de retard pour la production et la transformation de la richesse,* dont la régularité est indispensable à l'équilibre économique. En outre, les dépenses faites au cabaret sont un capital détourné d'un but utile. La *circulation de la richesse* devient vicieuse sur un point dès lors qu'elle concourt à enrichir des empoisonneurs patentés et qu'elle produit un effet nuisible.

Un coup d'œil jeté sur *la vie publique,* va nous montrer un nouveau point du danger de l'alcoolisme collectif. Où se tiennent les réunions, les clubs, politiques ou autres ? Toujours chez le débitant. L'alcool semble être l'adjuvant nécessaire de toute discussion à la tribune. Mais lui seul aussi peut être rendu responsable des désordres habituels qui se produisent dans ces réunions, au grand détriment de la liberté de la parole et au détriment des résolutions importantes qui pourraient en découler. L'homme en masse, allumé par l'alcool, ne connait plus aucun lien ; son jugement faussé lui ravit la notion juste des situations. Pris isolément, on pourrait peut-être en venir à bout ; l'excitation du milieu le rend intraitable ; la passion seule le guide.

C'est en temps d'élections que s'observent surtout de semblables aventures. On connait le *rôle électoral* joué par le cabaret. On s'y réunit pour discuter les chances des candidats, éplucher les programmes, et je me demande comment l'électeur peut être éclairé quand son cerveau est brouillé par les fumées du vin. Dans cette occurrence il perd à son insu ce qu'il lui reste de libre arbitre ; il devient éminemment suggestible. Combien d'hommes, dans les centres ravagés par l'alcoolisme, peuvent-ils prétendre qu'ils ont voté en toute liberté d'esprit? Nos mœurs électorales ont été bouleversées par le cabaret et, l'on peut le dire, tant qu'un moyen puissant n'aura pas réduit à néant l'influence politique de l'alcool, le suffrage universel ne sera qu'une fiction ; les bulletins de vote n'auront pas une égale valeur; la pratique du devoir le plus grave du citoyen français sera entravée. L'alcoolisme collectif est certainement une pierre d'achoppement à la prospérité de la République. Les masses alcoolisées deviennent fluctuantes, chancelantes, et l'on ne peut échafauder sur elles qu'un édifice branlant.

Que dire enfin de l'influence de l'alcool dans les grands *mouvements populaires?* Il ne faut pas l'oublier, M. Tarde l'a montré lumineusement, dans toute collection d'individus, ce sont beaucoup moins les grandes pensées, les conceptions de l'intelligence que les manifestations émotionnelles, qui provoquent les courants d'opinion. L'excitation collective porte avant tout sur les penchants, les passions ; l'être collectif est beaucoup plus un être sentimental qu'un être intelligent. Or l'entraînement qui, chez les hommes normaux, produit déjà des résultats si singuliers et si inattendus, produit des effets monstrueux, faut-il le dire, lorsque la masse est alcoolisée. On voit facilement s'infiltrer dans les esprits des ferments de discorde qui ne font que se multiplier dès qu'ils sont entretenus par de nouvelles libations. Et c'est un procédé bien connu des meneurs habiles! Si les forces intellectuelles de la multitude s'affaiblissent déjà par certains contacts, elles disparaissent totalement dans le cas présent. La foule devient un automate brutal, ayant abdiqué toute autorité, tout raisonnement ; elle est mûre pour une action générale dans le sens qui favorisera le plus ses appétits ou ses goûts du moment. C'est là le secret des nombreuses fermentations populaires, qui s'engendrent dans les cabarets et qui d'ailleurs aboutissent ordinairement à des résultats contraires aux intérêts de la collectivité en jeu.

Ai-je besoin de rappeler le rôle joué par l'alcool dans les douloureux événements de la Commune? Ne le voyons-nous pas agir énergiquement encore dans ces mouvements populaires locaux qui ont pris le nom de *grèves* et qui sont devenus si fréquents qu'ils ont atteint en 1894 le nombre de 634? Ce nombre, de beaucoup plus élevé qu'en 92 où il n'avait été que de 261, démontre que ces agitations suivent une progression rapidement ascendante. En 1893, le nombre des grévistes a été de 170,123. Le nombre total des journées de chômage pour toutes ces grèves a été de 3.170.000, ce qui représente une perte d'environ 10.000.000 pour les travailleurs. Et pour quel mince bénéfice! (1)

Certes, nul plus que moi ne s'intéresse au sort de l'ouvrier, et je ne saurais blâmer en bloc ces tentatives souvent légitimes de revendication populaire; mais il faut être aveugle pour ne pas voir, dans la plupart de ces mouvements, une excitation factice, évidemment exagérée, un trouble qui s'est fomenté le verre à la main, qui n'aurait peut-être pas existé sans l'alcool et qui se serait peut-être affaibli progressivement, en tout cas, sans l'appoint de ces orages terribles, parfois meurtriers, auxquels on assiste trop souvent. Je suis convaincu que beaucoup de ces agitations se termineraient vite par une entente amiable si elles n'étaient le symptôme d'une déséquilibration momentanée et collective de cerveaux excités par les spiritueux. L'alcool est donc l'excitant collectif par excellence, et nous lui devons bien des méfaits d'ordre public.

Ce court aperçu de l'alcoolisme collectif a eu pour but de démontrer que ce vaste empoisonnement, après les désas-

(1) *Le Matin* : 24 septembre 1894.

tres privés dont il est comptable, est encore une menace constante pour la paix intérieure du pays, pour la stabilité de nos institutions politiques et économiques.

J'en ai fini avec l'examen des conséquences de l'alcoolisme que j'ai envisagées successivement pour l'homme et pour la société. Les conclusions, dont j'ai accompagné chacune des parties de ma dissertation, me dispenseront de m'étendre longuement sur les *déductions générales* à tirer de mon étude. Je n'ai eu qu'un but en somme, en me plaçant sur un terrain d'ordre général pour étudier l'alcoolisme, c'est de démontrer qu'il est un empoisonnement dont nous sommes tous victimes directement ou indirectement, et qu'il est une *maladie sociale*. Après avoir établi son influence nocive sur l'individu, j'ai dit qu'il ne s'en tenait pas là, et que par le fait de l'hérédité il se propageait en quelque sorte suivant une progression géométrique, qu'il multipliait ainsi ses victimes, et que la santé intellectuelle, morale et physique de la population toute entière en était altérée. Et j'ai conclu que l'alcoolisme aboutissait à l'abâtardissement du type de l'espèce, à sa dégénérescence, à son extinction, qu'il concourait conséquemment à la dépopulation et à l'affaiblissement du pays. Parallèlement, l'énergie intellectuelle diminue, le niveau de la moralité s'abaisse, le pays tend à perdre son haut relief cérébral pour redescendre au niveau des populations primitives. En perdant son vernis intellectuel et moral, le pays retarde ; il présente de nombreux points faibles, par où peuvent pénétrer les influences étrangères ; c'est par là qu'il peut devenir la proie d'une domination, se voir dissocier complètement et anéantir.

En étudiant ensuite les conséquences de l'alcoolisme individuel et collectif, j'ai dressé en quelque sorte le bilan de ses désastres actuels, désastres qui ont été ceux d'hier et seront sans doute ceux de demain, grâce à cette force inéluctable de transmissibilité que nous avons reconnue à l'hérédité. J'ai alors montré que l'alcool s'attaquait à la vitalité même du pays, en désorganisant la famille, en réduisant la femme à la servitude, en démoralisant l'enfant, cet homme de demain ; en ruinant chez l'homme les aspirations élevées, les sentiments nobles qui sont les stimulants indispensables de son progrès ; en détruisant ses tendances à l'altruisme qui sont la condition première de la solidarité ; en faisant de lui, enfin, une façon d'égoïste, jouet de ses appétits grossiers, apte à subir sans les discerner toutes les influences. Ces pertes ont trouvé ensuite leur corollaire dans ce qu'on pourrait appeler le budget des dépenses de l'alcoolisme, qui repose sur l'accroissement de la misère, sur les charges de l'assistance publique, sur l'entretien des aliénés et des criminels, sur la souffrance du travail, les désordres du commerce et de l'industrie, les troubles survenus dans la production et la circulation de la richesse. J'ai complété enfin cet aperçu symptômatique par l'indication des dangers que courent les personnes et l'ordre public.

L'alcoolisme est donc bien une maladie sociale ; il n'y a pas de mal plus grand à l'heure actuelle dans notre pays. Et plus on examine une par une les souffrances intimes ou collectives qui sont chez nous une cause permanente d'inquiétude et d'agitation, plus on demeure convaincu que l'alcoolisme prend une part importante à leur genèse comme à leur entretien. S'il ne les engendre pas toutes, on peut être sûr qu'il contribue à les irriter toutes. Les questions sociales, devenues aujourd'hui si âpres, si hérissées de difficultés, et qui tiennent tout le monde en haleine dans la prévision d'un sombre avenir, n'auront leur solution que si, au préalable, le fléau alcoolique est extirpé.

VIII

Il me reste à examiner les *moyens de combattre* ce mal. Une constatation pénible attend celui qui s'occupe des remèdes à diriger contre l'alcoolisme. C'est, d'une part, la somme minime et le *manque de continuité des efforts* accomplis en faveur de la question ; et, d'autre part, *l'indifférence* presque générale dont elle est entourée, malgré les intérêts si divers qui s'y rattachent. Il semblerait qu'il n'y a pas là une question d'actualité ou que l'alcoolisme ne soit qu'un mal accessoire réservé à quelques-uns et sans conséquences fâcheuses pour la masse. A vrai dire, la cause de cette tiédeur à notre époque repose sur une connaissance imparfaite du problème dont on est détourné par un attachement trop exclusif pour les questions d'ordre retentissant. Il est temps qu'on en revienne, j'en ai donné la preuve, il faut faire comprendre à qui de droit que parmi les questions qui touchent le plus à l'avenir de la nation, il n'en est pas de plus palpitante que l'alcoolisme. A lui seul il peut frapper de stérilité toutes les tentatives de progrès faites dans une autre direction.

Ces quelques mots font un peu le procès des pouvoirs publics. Mais je n'en dirais pas autant de l'initiative privée qui a beaucoup tenté ! Ces efforts, hélas ! non soutenus par un courant d'opinion qui n'existait pas, sont demeurés à peu près stériles ; en tout cas, ils n'ont eu qu'une action locale sans tendance à la généralisation. Ils n'ont donc eu qu'une très faible action sur l'ensemble du mal ; les succès enregistrés sont très limités. A un mal social, il faut des mesures d'ordre général qui partent d'en haut : *Initiative privée* et *initiative de l'Etat* doivent forcément s'unir pour concourir à un résultat efficace.

L'indifférence dont je parlais n'est pas chose nouvelle. C'est grâce à elle que le mal a pris des proportions effroyables, alors qu'il eût été si facile de l'enrayer au début, en s'inspirant un peu de ce qui se faisait à l'étranger, où, depuis longtemps on le combattait, non sans succès, quand on commençait à peine à s'en préoccuper chez nous. Si nous avions profité de l'exemple, nous qui, merveilleusement favorisés par la nature pour la production des boissons fermentées naturelles, pouvions laisser leur alcool aux nations alcoolisées moins favorisées, nous aurions pu, dès l'abord, opposer une sérieuse barrière au fléau.

Aujourd'hui, c'est une véritable croisade qu'il faut prêcher. Avant même de songer à la lutte, il faut presque songer à recruter une armée de convaincus dont le nombre est, hélas, très restreint. Le péril est devenu si menaçant, que de simples mesures fiscales ou même morales n'auront qu'un pâle effet, et qu'il sera nécessaire de recourir à des moyens restrictifs de la liberté, répressifs même. Le temps est venu où l'on ne pourra reculer devant des mesures violentes. Atermoyer, procéder par tâtonnements, par essais incomplets, par concessions timides, c'est retarder indéfiniment la solution, sans porter la moindre atteinte à l'ennemi. Qui veut la fin, veut les moyens ! Le bien-être de tousne peut souvent s'obtenir qu'au détriment de bien des unités. Il faut savoir à temps, dans une démocratie, faire le sacrifice de quelques-uns, quand le résultat final doit se traduire par le bonheur commun.

Je ne pourrais, sans perdre un temps précieux, retracer l'*historique de la lutte* contre l'alcoolisme en France. Cette lutte a, d'ailleurs, je l'ai dit, usé de peu de moyens. Après quelques tentatives isolées, avant 1870, où elle s'était manifestée par quelques essais infructueux de sociétés de tempérance (en Normandie, en Bretagne), par quelques lois fiscales frappant d'impôts onéreux les boissons spiritueuses, elle ne s'est vraiment accentuée qu'au lendemain de la guerre où se fit une généreuse levée de boucliers, digne de plus de succès. La société française de tempérance se constitua. Des multitudes de vœux émanés des assemblées départementales signalent l'alcool à la vindicte publique, protestent contre les dangers des bouilleurs de cru et des cabarets, et réclament d'urgence l'intervention des pouvoirs publics. L'assemblée nationale vote à grand peine la loi répressive de l'ivresse. Puis l'ardeur se calme. Une période d'assoupissement, de quiétude commence. Çà et là quelques congrès qui en sont pour leurs vœux. En 1886, le Sénat procède à une enquête générale sur la consommation de l'alcool en France et sur les dangers de l'alcoolisme. Un volumineux et remarquable rapport est rédigé par M. Claude, des Vosges. La question y est lumineusement mise au point, mais les esprits s'envolent vers de nouvelles préoccupations en apparence plus pressantes, et l'assoupissement recommence. A côté de ces efforts disséminés, signalons des efforts à rebours, en particulier la loi de 1875, accordant des privilèges aux bouilleurs de cru. L'alcoolisme ne semble pas digne de fixer l'attention de nos gouvernants, et de nos représentants moins encore. Si, parfois, on s'en occupe, c'est beaucoup plus pour tirer un profit de l'alcool au point de vue fiscal que pour combattre le fléau.

Aujourd'hui, la lutte semble renaître. Ce regain d'énergie est dû, en grande partie, à la Ligue de la moralité publique. Espérons que, cette fois, nous aboutirons.

IX

Les moyens que l'on peut préconiser pour combattre l'alcoolisme doivent être rangés sous deux chefs :

1° *Les moyens propres à restreindre la production et les dangers de l'alcool ;*

2° *Les moyens propres à restreindre la consommation des spiritueux.*

Je ne puis tracer une étude détaillée de tous les agents qui, dans l'espèce, pourraient avoir quelque action. Ils sont trop nombreux, et quelques mots ne suffiraient pas à cette besogne colossale. Les uns sont impraticables, presque tous sont insuffisants, si on les considère isolément. L'alcoolisme est, d'autre part, un mal trop vaste, trop profond ; ses origines sont trop nombreuses, les causes de son entretien trop complexes, pour qu'on puisse espérer le vaincre avec un remède unique. Il n'existe pas contre lui de panacée et je n'ai pas l'intention non plus d'en proposer une. A un mal aussi protéiforme, il faut des remèdes multiples, savamment combinés. Ne pouvant pénétrer dans le détail, force me sera de rester sur le terrain des généralités, en faisant çà et là une incursion dans le domaine des méthodes qui m'auront paru le plus dignes de fixer l'attention, et je me bornerai à l'indication sommaire des autres sans avoir pourtant encore la prétention d'être complet.

Les deux grands groupes de moyens que j'ai indiqués résument l'ensemble de la prophylaxie de l'alcoolisme.

Le premier comprend toutes les tentatives que l'on pourrait faire pour diminuer la production de l'alcool et ses dangers. Il est tout naturel, en effet, de penser que si, d'une part, on tarit presque la source du mal, et que, d'autre part, on réduit à zéro les propriétés pernicieuses de l'alcool, la difficulté est à peu près tranchée : *Sublatâ causâ, tollitur effectus.* C'est là un idéal, je me hâte de l' jouter, probablement irréalisable; mais il est permis, tout au moins, de s'en rapprocher.

Si, maintenant, après cette tentative on peut disposer de puissants moyens capables de détourner le consommateur de l'usage des spiritueux, on a quelque chance, ce semble, d'aboutir. Réduire la production, diminuer la consommation, voilà les deux points cardinaux du problème.

J'ai essayé de démontrer que la vraie cause du mal résidait dans l'alcool, l'alcool du commerce, l'alcool d'industrie, produit de fabrication dont la formule chimique et les propriétés physiologiques s'éloignent plus ou moins de celles de l'alcool de vin. C'est ce produit artificiel dont la production et la consommation se sont singulièrement exagérées d'année en année, au détriment des boissons hygiéniques naturelles.

Il suffit, pour s'en rendre compte, de jeter un coup d'œil sur les chiffres de la *production aux diverses époques.* On voit que l'alcool de vin est tombé rapidement du premier au dernier rang, et il n'est pas douteux, Lunier l'a montré, que l'alcoolisme a suivi une progression inverse; qu'il est devenu un fléau plus général à mesure que les eaux-de-vie de betteraves, de grains, de mélasses, etc., sont entrées davantage dans la consommation.

De 1840 à 1850, la France a produit par an 115.000 hect. d'alcools de vin; en 1883 elle n'en produit plus que 14.678. Inversement, la production des alcools de mélasses, de 40.000 hectolitres de 1840 à 1850, est montée à 750.637 hectolitres en 1883; celle des alcools de betteraves, de 500 hectolitres, de 1840 à 1850, à 629.998 en 1883; celle des alcools de grains et matières amylacées, de 36.000 hectolitres, de 1840 à 1850, à 562.967 hectolitres en 1883.

Je n'indiquerai maintenant que deux chiffres inédits, relatifs à la consommation de l'alcool. Je les emprunte aux dernières années. En 1892, la consommation a atteint **2.263.079** hectolitres; en 1893, l'année dernière, par conséquent, elle a atteint **2.476.387** hectolitres. Cela ne fait que s'accroître, il est aisé de le constater, et je n'ai pas besoin d'autres chiffres pour convaincre que l'alcoolisme est plus que jamais affaire d'actualité.

Parmi les procédés aptes à diminuer la production, l'un de ceux qui a toujours paru le plus efficace, est l'*impôt.*

L'impôt a toujours eu tout au moins comme avantage de procurer au Trésor d'importantes recettes ; il est d'autant plus légitime, qu'il s'adresse à une matière dangereuse et qui est loin d'avoir le caractère de première nécessité. Au point de vue de son efficacité contre l'alcoolisme, les opinions sont encore partagées et je ne puis, n'étant pas économiste, trancher la difficulté avec compétence. Je ne puis aborder la question que du côté de son principe et par ses côtés généraux.

Les uns objectent à l'impôt que, dans un but fiscal, l'Etat peut avoir intérêt à pousser à la consommation, par suite à la production. D'autres objectent que chaque fois qu'on a augmenté les droits sur les alcools, la consommation a augmenté parallèlement et que, danger plus grand, le commerce a été de plus en plus inondé par des alcools inférieurs, insuffisamment rectifiés, afin de réduire le plus possible les frais de production. Le temps me manque pour rétorquer ces deux objections, qui ne me paraissent pas justifiées. Je dirai seulement, d'une part, que l'augmentation d'un impôt sur une substance ne peut avoir pour effet (ce serait absurde) d'en encourager la consommation, si l'excès de consommation n'a pas ailleurs sa cause d'entretien. D'autre part, l'impôt sur l'alcool est impuissant à agir *seul* sur la consommation des spiritueux comme sur leur production, dont l'intensité est fatalement proportionnelle à l'autre. Pour être efficace, il faut d'abord qu'il soit bien appliqué, et surtout il faut qu'il soit étayé de nombreuses mesures connexes dont l'examen fera précisément l'objet des lignes suivantes.

L'impôt sur l'alcool, je dirai même le *surimpôt*, me paraît donc, jusqu'à nouvel ordre, un principe absolument défendable. La liberté de la production, au contraire, s'est toujours montrée essentiellement favorable à la propagation de l'alcoolisme; témoin la triste expérience que nous faisons chaque jour des bouilleurs de cru, dont les privilèges sont, de l'aveu de tous, une des causes les plus puissantes du mal.

Donc, imposons l'alcool, imposons-le même très fortement, imposons le producteur au point de réduire à peu de chose ses bénéfices, de façon à l'obliger à diriger ses capacités industrielles dans une voie plus utile. Si, d'autre part, nous réussissons quelque peu à détourner le consommateur d'un produit très onéreux, nous avons porté un coup sérieux à l'industrie de l'alcool.

On peut objecter qu'en général, l'impôt est plutôt supporté par le consommateur que par le producteur. Tant mieux, dans l'espèce, et je le désire. L'exagération du prix de vente des spiritueux est une mesure très efficace. Rien n'empêcherait, à la rigueur, si le moyen était jugé trop peu démocratique, d'imposer un tarif de vente, comme cela existe pour d'autres denrées.

Vous remarquez que je me préoccupe très peu des intérêts du fisc et que je fais table-rase des intérêts de certains industriels. Mais vous pensez certainement, comme moi, qu'il n'y a pas d'intérêts qui prévaillent contre l'extirpation de l'alcoolisme, et vous pensez aussi que les sacrifices, si lourds qu'ils soient, perdent de leur gravité lors qu'ils sont plus que balancés par des avantages dont profite la collectivité. Je prends peut-être les choses d'un peu bien haut, je les examine peut-être comme un utopiste, comme un naïf ; vous ferez grâce à mes convictions, vu leur sincérité.

Mais laissons de côté cette question si épineuse de l'impôt. Je souhaite seulement que nos représentants en fassent l'objet de leurs savantes méditations et qu'ils tirent de celles-ci un mode de perception pratique dont le premier effet devra être que la production de l'alcool soit singulièrement entravée. Je me déclarerai satisfait.

Je viens de prononcer le nom de *bouilleurs de cru*. Au moins, sur ce chapitre, nous pouvons dire beaucoup de choses positives ; nous pouvons dire que la loi de 1875 qui, pour des raisons difficilement explicables, mais, en tout cas, fort étrangères au souci de la santé publique, a soustrait à l'impôt l'alcool fabriqué par des particuliers, soi-disant pour leur usage personnel, a produit des résultats plus désastreux qu'une guerre. Il y a plus de 500.000 bouilleurs de cru en France ; ils ne paient pas l'impôt, fabriquent d'horribles alcools qu'ils ne rectifient pas, les introduisent clandestinement dans la circulation, facilitent par suite l'adultération des boissons dites hygiéniques ; en un mot, ils sont les agents par excellence de l'empoisonnement public. Voilà ce que nous pouvons dire, et nous pouvons encore ajouter qu'on ne comprendra jamais pourquoi les Chambres font tant de difficultés pour abolir un privilège reconnu nuisible, malgré les instantes réclamations d'économistes tels que M. Léon Say. Si l'on peut supprimer l'industrie des bouilleurs de cru, on aura, c'est certain, opposé un sérieux obstacle à la production des alcools et surtout des mauvais alcools.

La libre production, et en général la superproduction de l'alcool, à laquelle nous assistons depuis quelques années, a eu d'autres conséquences contre lesquelles il est aussi aisé qu'urgent de se prémunir. La principale fut de répandre dans la circulation des produits de mauvaise qualité.

Or, si l'État recule d'ores et déjà contre une surélévation de l'impôt, il est une chose qu'il peut exiger, en usant au besoin de procédés énergiques : c'est *qu'aucun alcool ne sorte de chez le bouilleur de cru sans qu'il ait atteint un degré déterminé de pureté.*

Une des plus graves conséquences de la toxicité des alcools de commerce est la sophistication des vins de fabrication. L'inclémence des saisons, les maladies de la vigne et d'autres causes encore, ont réduit de beaucoup pendant longtemps les récoltes de vin naturel (depuis quelques années les récoltes sont excellentes et nous ne pouvons que nous en féliciter). Pour satisfaire à la demande, on a dû fabriquer des vins de toutes pièces ; on a procédé à des coupages, à des vinages, on a dû encore élever artificiellement le degré alcoolique des vins destinés au transport. Pour cela, on a utilisé largement les alcools d'industrie et, en particulier, les troix-six du Nord, qui sont d'énergiques poisons. Il serait bon d'interdire et de punir sévèrement les fraudeurs, le vinage des vins avec des alcools autres que les alcools de vin ou les alcools rectifiés. Au lieu de permettre les simples coupages avec des vins déjà alcoolisés, il serait bon encore de n'autoriser que le *vinage à la cuve*, afin de détruire par la fermentation une partie des substances toxiques artificiellement introduites.

Des mesures énergiques devraient interdire ou au moins *limiter la fabrication* des liqueurs spiritueuses telles que l'absinthe, les bitters, le vulnéraire, etc... Bien des vœux que je pourrais citer, émanant des conseils généraux, réclament formellement cette interdiction. On sait que ces liqueurs, en outre des dangers inhérents aux essences qu'elles contiennent, sont, en général, fabriquées avec de mauvais alcools, dont le goût détestable est masqué par ces essences. Là encore s'imposerait l'obligation de ne les fabriquer qu'avec des alcools rectifiés.

Parmi ces procédés prophylactiques, les plus propres à restreindre la fabrication tout en réduisant l'alcool à son minimum de toxicité, il en est un que je ne saurais passer sous silence : c'est le *monopole*.

Je ne discuterai pas les avantages ou les désavantages économiques du monopole ; je dirai seulement que, en ce qui concerne les matières dangereuses, telles que l'alcool et le tabac, il est toujours permis de reconnaître à l'Etat le droit de réglementer leur fabrication et leur circulation. J'ai dit qu'il n'y avait pas de panacée pour guérir l'alcoolisme, cela est vrai ; mais, à coup sûr, s'il pouvait en exister une, elle serait réalisée par le monopole, non par le système mitigé qu'a proposé M. Alglave, l'auteur du *Monopole des tabacs*, qui a donné de bons résultats, mais par ce même système rendu plus rigoureux. Vous savez que le système Alglave est le monopole facultatif. L'Etat n'intervient pas dans la fabrication, mais seulement dans la vente; il s'arroge le droit de vendre un alcool rectifié à un prix déterminé, dans une bouteille fiscale réalisant certaines conditions. Mais le producteur reste libre d'écouler son alcool auprès du consommateur, pourvu qu'il l'enferme dans la bouteille fiscale. Ce n'est là qu'une demi-mesure, insuffisante, à mon avis.

C'est à l'aide du *monopole absolu* que l'Etat pourra, s'il le veut, restreindre et même interdire la fabrication de l'alcool, exiger la rectification, frapper de prohibition certaines substances particulièrement dangereuses, exclure les produits de ce genre qui viennent de l'étranger, etc... C'est là un procédé qui peut paraître draconien. Pourquoi ? On ne le considère pas comme tel pour le tabac. N'est-il pas plus étrange de voir l'Etat monopoliser la fabrication de produits de première nécessité, tels que les allumettes ? Il faut que l'Etat, émettant comme principe qu'il a la garde de la santé publique, puisse dire : « Il y a dans l'alcool un objet de consommation dangereux, j'entends régulariser sa fabrication, sa circulation et sa consommation. Il n'en sortira de mes entrepôts que ce que je voudrai ; j'exercerai un contrôle rigoureux de la fraude, que je poursuivrai très sévèrement. Si je ne puis remonter le courant qui vous emporte vers un mal terrible, tout au moins je réduirai le mal à son minimum possible. » Oh ! le jour où l'Etat fera cela, le pays ne sera pas loin d'être sauvé d'un grand péril.

Le monopole a fait ses preuves à l'étranger, où l'on s'est montré moins que chez nous réfractaire à cette conception si démocratique, malgré ses apparences. En Suisse, il a diminué de 25 0/0 la consommation de l'eau-de-vie.

J'en arrive aux mesures capables, d'une manière indirecte, de restreindre les dangers de l'alcool. La principale consiste dans le *dégrèvement des boissons fermentées*, dites hygiéniques, parmi lesquelles on peut classer le vin naturel. Je suis de ceux qui partagent l'opinion que le vin, la bière, le cidre, sont des boissons sans utilité pour l'homme, hormis les cas de maladie. Je pourrais fournir mille arguments à l'appui de cette thèse ; mais j'accorde bien volontiers que l'usage en quantité modérée de ces substances n'a aucun effet nuisible, pourvu qu'elles soient des produits de fermentation naturelle, bien entendu. Ce serait peut-être beaucoup demander au Français de ne boire que de l'eau ; c'est une conquête évidemment difficile, mais je suis convaincu, avec bien d'autres, qu'en l'attendant, tout ce qui pourra faciliter pour le consommateur l'usage d'une boisson salubre naturelle, sera un rude coup porté à l'industrie de l'alcool et des liqueurs.

Le principe du problème à résoudre est simple et peut être formulé en deux mots : Que l'alcool coûte cher, que le vin soit bon marché, abondant et de bonne qualité, et il y a des chances sérieuses pour que la consommation dérive au profit du vin. Les droits qui frappent les boissons fermentées naturelles sont exorbitants, surtout dans les centres urbains, où l'alcoolisme sévit le plus. D'autre part, dans les centres non vinicoles, le vin ne pénètre guère à cause des frais élevés de transport, majorés des frais d'imposition. Aussi, est-ce là qu'on se livre surtout à l'orgie alcoolique.

Le remède est simple : Supprimez tout impôt sur les vins, cidres et bières, vous en faciliterez la circulation et, par suite, la dissémination. Le vin est la liqueur nationale par excellence, et je ne crois pas que le palais des buveurs de genièvre soit assez blasé pour ne pas en apprécier la saveur, le jour où il leur sera donné de pouvoir s'en servir.

Le *dégrèvement* connéxe *des substances hygiéniques*

telles que le café, le thé, le chocolat s'impose encore. Elles sont un peu trop considérées comme voluptuaires en raison de leur prix élevé. Leur substitution aux boissons fermentées est très désirable.

Le dégrèvément des *sucres* serait utile encore. Il permettrait le sucrage des vins, manipulation bien supérieure au vinage et beaucoup plus inoffensive.

Je ne fais qu'indiquer en passant certaines *mesures complémentaires* du dégrèvement des substances hygiéniques, telles que les encouragements de toute nature à donner aux viticulteurs, la guerre aux parasites de la vigne, cause indirecte de l'alcoolisation de nos nationaux ; les avantages à offrir aux viticulteurs qui consentiront à détruire leurs vignes phylloxérées et à les remplacer par les plants américains ; la protection à accorder à nos crus français, dont les meilleurs émigrent à l'étranger, qui nous les échange contre de détestables alcools ; l'importation de vins naturels étrangers, dans les limites compatibles avec la protection des vins français et tant que notre production ne sera pas à la hauteur des besoins du consommateur ; l'imposition comme alcool pur des vins titrant plus de 12 degrés ; etc., etc... Malgré l'importance de tous ces points, je ne puis que les effleurer.

X

J'aborde maintenant le second groupe de moyens, ceux qui sont propres à restreindre non plus la fabrication, mais la consommation des spiritueux. Il s'agit ici de détourner le consommateur de l'usage de boissons pernicieuses, soit en usant de rigueur, soit par la persuasion. J'examinerai successivement les mesures répressives applicables aux ivrognes, la question des asiles d'ivrognes, la réglementation des cabarets, et, enfin, les moyens moraux proprement dits.

J'ai dit plus haut qu'il serait peut-être nécessaire de recourir à des *moyens de rigueur* pour extirper l'alcoolisme, et vous avez compris qu'en présence du danger croissant, ces mesures ont quelque légitimité. Il n'est plus possible que l'Etat use des seuls procédés de douceur, de simples conseils paternels. L'imminence du péril est telle, que bien des méthodes préconisées doivent revêtir, d'ores et déjà, le caractère de *mesures de défense sociale*. C'est là un moyen pénible, mais puissant, de faire de la prophylaxie. Si répugnant qu'il soit à une démocratie d'user de la force envers le citoyen et de lui appliquer des mesures restrictives de sa liberté, il faut qu'elle s'y résigne en songeant que c'est encore faire de bonne politique que de savoir restreindre à propos des abus dont tout le monde souffre.

D'autres nous ont précédés, d'ailleurs, dans cette voie, et les lois répressives de l'ivrognerie sont déjà anciennes. Sans remonter loin en arrière et sans m'occuper de ce qui s'est fait ailleurs dans ce sens, je me bornerai à rappeler *la loi Roussel*, de 1873, dont le principe était excellent. Il est urgent de donner un regain de vigueur à cette loi dont l'effet moral est incontestable. Sans être assez puissante pour détruire à elle seule les tendances à boire, elle peut être d'une grande utilité dans l'œuvre que nous poursuivons. Or, cette loi de 1873 est de celles qui tombent trop vite en désuétude. C'est encore là une preuve de l'indifférence des pouvoirs publics à l'endroit de l'alcoolisme. En 1875, le chiffre des contraventions s'élève à 91.238; il tombe déjà en 1876 à 82.115. En 1891, il descend à 50.453. Vous n'ignorez pas avec quelle indulgence coupable l'autorité laisse errer les ivrognes dans les rues et la répression est plus qu'insuffisante. Nous avons des armes, servons-nous-en. Que la loi répressive de l'ivresse soit l'objet d'une application soutenue; que les récidives surtout soient poursuivies impitoyablement. En 1891, il n'y a eu que 2.843 prévenus poursuivis correctionnellement, et sur ce nombre, 2.731 seulement ont subi une condamnation à l'emprisonnement. L'ivrogne en prend aujourd'hui tout à fait à son aise.

J'ai assez insisté pour montrer que le vrai danger de l'ivrogne se faisait sentir au sein de la famille et sur l'enfant. Ce dernier surtout n'est pas assez protégé. La prison même, qui n'améliore pas l'ivrogne, tant s'en faut, imprime une tare regrettable à la famille. Je voudrais voir plus communément appliquer de préférence, à l'ivrogne, la bienfaisante *loi Roussel* de 1889, sur l'*enfance moralement abandonnée*. Les enfants d'ivrognes sont, plus que tous autres, en état d'abandon moral. Or, le tribunal a qualité pour faire déchoir de son autorité paternelle tout père indigne. L'ivrognerie devrait être plus souvent considérée comme preuve d'indignité et entraîner la déchéance. Ce serait là un excellent moyen d'assainir les milieux familiaux en arrachant à de pernicieux contacts des victimes si intéressantes.

Telles sont les mesures répressives applicables à l'ivrogne. Si utiles qu'elles soient et si désireux que je sois de les voir utiliser plus couramment, je ne puis déguiser une fois encore la répugnance qu'elles m'inspirent. Il y a mieux à faire. Il existe un moyen presque inconnu en France, mais usité à l'étranger et dont je désire vous entretenir; car il peut avoir une portée très étendue. C'est la création d'*asiles spéciaux pour les buveurs.*

L'ivrognerie est une maladie. L'alcoolisation, conséquence de l'ivrognerie, en est une autre. Cette conception, qui tend je ne dirai pas à innocenter, mais à excuser jusqu'à un certain point le buveur, est essentiellement philanthropique et elle aboutit à cette autre conception, que si l'on traitait l'ivrogne comme un malade, on aurait peut-être quelque chance de succès. Cette idée repose encore sur une autre considération. Certains ivrognes deviennent délinquants; s'ils sont malades, et malgré cela condamnés, c'est une tare injuste qu'on leur inflige. S'ils ne sont pas malades, mais seulement victimes du milieu social, le pays doit tout faire pour les sauver moralement au lieu de leur infliger une peine, cause secondaire de l'aggravation de leur mal. C'est une sorte de loi Bérenger appliquée à l'ivrognerie. Chez nous, la création d'asiles spéciaux aurait encore une autre base, à savoir le besoin de désencombrer nos maisons d'aliénés, remplies par des alcooliques dont le nombre va croissant de jour en jour, en raison de la toxicité des alcools, qui communique toujours aux manifestations de l'alcoolisme un étrange cachet de folie. Une autre raison consiste dans l'impossibilité de traiter convenablement les alcooliques dans un asile d'aliénés.

Les étrangers nous ont encore montré l'exemple. C'est par centaines que s'y comptent les établissements réservés à la cure de l'ivrognerie et à la protection indirecte de la société par le fait de lois spéciales qui permettent à l'autorité judiciaire de maintenir l'alcoolique séquestré tant qu'il présente des tendances manifestes à la récidive. Les résultats obtenus sont excellents. Tout d'abord, le buveur bénéficie d'une atmosphère morale sagement ménagée. Il subit le traitement par l'abstinence forcée et acquiert la certitude qu'il se porte mieux quand il est sobre. Voilà pour le buveur. Pour la société, il y a sécurité absolue. « En buvant, vous me portez préjudice, dit-elle, je vous colloque, mais j'ai pitié de votre maladie; au lieu de vous traiter comme un paria, je vous traite humainement, je vous redresse le moral tout en vous refaisant la santé; je vous arrache à la prison dont vous seriez sorti un peu plus vicieux. Mais j'entends vous garder à ma disposition, tant que vous serez capable de me faire courir un danger. » Ce raisonnement est équitable, et la loi le sanctionne.

Voilà ce qu'il faut faire chez nous. L'idée commence à poindre seulement. Mais il faut que l'on soit bien convaincu que ces asiles ne sont possibles et que le traitement n'y est efficace que si une loi autorise les tribunaux : 1° à séquestrer certains délinquants par le fait d'ivrognerie. et les ivrognes récidivistes après un certain nombre de récidives, dans ces établissements, où ils subiront la cure forcée de l'ivrognerie ; 2° à y retenir tout ivrogne non réputé guéri. Ma conviction est entière, les asiles d'ivrognes devront être un des pivots de l'action anti-alcoolique.

La création de ces asiles ne va pas sans l'organisation de *Sociétés de patronage* pour les ivrognes guéris. En attendant, il serait nécessaire que tous les asiles d'aliénés fussent pourvus de Sociétés de patronage ; nos alcooliques seraient les premiers à en profiter.

Je n'insisterai pas davantage sur les moyens répressifs, car j'ai hâte d'en arriver, pour finir, à l'application des moyens moraux proprement dits. Quelques-uns ont d'ailleurs, cela va de soi, un caractère restrictif.

Pour moi, l'alcoolisme ne cédera que devant les *moyens moraux*. Tous les autres procédés, si énergiques qu'ils soient, ne seront utiles que s'ils sont fortement cimenté, par le lien moral. Sans lui, il y aura toujours moyen de se faufiler au travers des mailles du filet correctif, construit à l'aide de tous les moyens plus ou moins draconiens que j'ai analysés rapidement. Avec le lien moral, au contraires tout l'édifice se consolide ; on peut conserver pour l'homme le respect de sa dignité et de sa liberté, car l'on n'a plus besoin de recourir à la force ou à la menace. Le bien se substitue au mal tout doucement, instinctivement, par la force de l'habitude ; la guérison s'opère sans crise violente. Oui, c'est notre moralité tout entière qu'il faut remanier profondément et édifier sur de nouvelles bases. C'est le mal moral qui est la plus puissante cause d'entretien de cet autre mal que nous déplorons. Je ne résiste pas au désir de rappeler ici les paroles éloquentes qui terminaient le discours du docteur Chauffard lors de la mémorable discussion qui s'est ouverte en 1871 sur l'alcoolisme, à l'Académie.

« C'est à d'autres que nous, dit-il, à fournir le remède de ce mal honteux. Cette tâche incombe à ceux qui façonnent et qui vivifient l'esprit et le cœur des générations actuelles; ces générations, il faut les instruire et les moraliser.

« Sachons-le bien, l'instruction seule demeurera impuissante. On aura beau apprendre à nos populations les funestes effets de l'alcoolisme, que, du reste, elles n'ignorent pas; elles ne se laisseront pas moins entraîner à la satisfaction de ces grossières jouissances. Jamais le sentiment n'a retenu les masses humaines. Pour arrêter les hommes en face de leurs passions, il faut les pénétrer d'idées morales, d'idées de devoir et de dévouement, d'abnégation et de sacrifice. »

Que peut-on donc faire dans ce sens?

Il est tout d'abord un laboratoire de poison moral que je n'aurai pas besoin de signaler longtemps à votre attention : c'est le *cabaret*. C'est lui qu'il faut atteindre. Son rôle est énorme, vous l'avez vu, dans la propagation des habitudes alcooliques; il a été l'agent de démoralisation par excellence, et je crois qu'il faut être impitoyable à son égard. Il faut qu'il rende à son travail l'ouvrier qu'il lui enlève; qu'il restitue à la famille l'époux, le père qu'il débauche et déshonore; qu'il cesse d'être ce trait d'union entre les malheureuses victimes de mauvais entraînements; qu'il ne soit plus le lieu où s'enfantent ces soulèvements collectifs qui font trembler pour la sécurité publique. Tout ce qu'on pourra faire contre les cabarets sera bien fait, je n'ai guère le temps de préciser. Que ce soit la réduction de leur nombre, l'augmentation des patentes, leur rachat par des Sociétés de tempérance, comme cela s'est fait en Suède, suivant le système dit de Gotteborg ; que ce soit la fermeture du débit à certains jours et à certaines heures, du samedi au lundi, par exemple; qu'on exige du débitant une moralité absolue et prouvée ; qu'on lui retire sa licence avec la plus extrême facilité ; qu'on refuse de reconnaître en justice les dettes de cabaret ; qu'on prohibe les étalages suggestifs de liqueurs multicolores à la devanture, et qu'on interdise surtout l'expansion du cabaret jusque sur le trottoir; que l'on en expulse tout apprenti, tout adolescent, comme on le ferait d'un mauvais lieu ; qu'on classe le cabaret parmi les établissements insalubres, etc.; que ce soit tout cela, et bien d'autres choses encore, nous ne pouvons qu'approuver, pourvu que le cabaret disparaisse ou cesse d'être l'agent de dissémination, par excellence, de l'alcool, et sans lequel ce dernier ne serait peut-être plus un grand danger.

Mais je réclame avant tout le nettoyage de ces écuries d'Augias qu'on nomme « brasseries de femmes »; ces sortes de lupanars ouverts à tous les vents, où, à coté de la débauche alcoolique, s'exhibe la femme esclave. Ces sortes d'établissements devraient nous couvrir de honte. L'exploitation de la femme, qui n'est qu'un prétexte à débiter à des prix exorbitants des boissons malfaisantes, est une des monstruosités de notre époque, qui justifierait par là l'épithète de « décadente » qu'on lui a décernée.

Il y a toute une campagne morale à faire contre le cabaret, et c'est à la Ligue de la Moralité publique que je la signale. Pour cela, il faut lutter contre lui à armes égales ; il faut prendre l'oisif par les mêmes appâts qui l'y attirent, à cela près qu'ils ne seront plus dangereux. C'est le rôle des *cafés de tempérance*, qui abondent encore à l'étranger. (Pourquoi faut-il que j'aille chercher constamment ailleurs un stimulant pour l'amour-propre national ?) Il faut attirer le promeneur, en quête d'une occupation, au café de tempérance, pour qu'il ne s'échoue pas à l'estaminet ; il faut qu'il rivalise avec ce dernier de luxe et de confort. Il faut que l'oisif, l'ouvrier en veine de paresse, puisse paresser à son aise sans se faire du mal ; qu'il puisse trouver largement des boissons saines, réconfortantes et des aliments excellents qu'on lui vendra au plus juste prix. Il le faut bien, tant qu'on n'aura pu détruire chez lui ces déplorables habitudes de vivre au dehors, et dont l'extinction comporte d'autres moyens. Il faut savoir opposer à l'alcoolisme collectif une *action collective anti-alcoolique*, dont les cafés de tempérance peuvent devenir les centres. Il faut, enfin, que de ces centres parte une influence moralisante comme du cabaret part une influence dissolvante.

Ceci m'amène à parler des *sociétés de tempérance*. Ici encore, qu'on me le pardonne, il me faut chercher l'exemple à l'étranger. Les associations qui ont pour but exclusif la guerre à l'alcoolisme, ont une existence séculaire en Amérique, en Angleterre, en Suisse, et elles comptent d'immenses succès. En France, j'ai signalé quelques essais infructueux avant 1870. En 1872, Lunier, aidé de quelques philanthropes tels que Bergeron, Th. Roussel, Magnan, Motet, fonda la Société française de tempérance qui n'a pas obtenu (ce n'est pas sa faute) les résultats qu'elle s'était promis d'obtenir. Je n'en veux pour preuve que ces paroles de M. Bergeron, au Congrès tenu à La Haye en 1893 : « Je suis obligé de reconnaître, dit-il, que cette Société, malgré le zèle et le talent de son secrétaire général, M. Motet, traîne péniblement sa modeste existence, et n'est parvenue jusqu'à présent qu'à ce résultat bien médiocre, de récompenser quelques braves gens restés sobres, sans diminuer d'une seule unité le nombre des ivrognes. » Quelle est la raison de ce piètre succès ? Il n'y en a qu'une seule. C'est que la Société n'avait pas pour elle l'opinion publique et qu'elle n'a pu, en conséquence, faire un nombre suffisant d'adeptes pour lutter contre un courant adverse autrement énergique. Peut-être aussi a-t-elle eu le tort de ne pas prêcher exclusivement l'abstinence et de tolérer l'usage modéré des boissons fermentées. C'était insuffisant pour détruire l'abus, qui, on le sait, est si près de l'usage. Il faut souvent demander beaucoup pour obtenir peu, et l'on sait que le mot d'ordre de toutes les Sociétés étrangères est l'abstinence totale. C'est celui, entr'autres, de la Croix-Bleue, société suisse, qui commence à pousser de nombreuses ramifications en France, et qui vient au secours de notre Société française de tempérance, qui défaille. L'abstinence absolue doit être érigée en principe, même chez nous, si l'on veut le succès. Les Sociétés doivent grouper avant tout des abstinents convaincus, qui, à leur tour, feront des adeptes et constitueront des sociétés locales. Leur rôle de propagande, de conseil, est insuffisant; les simples avis sont mal écoutés; rien n'est suggestif, au contraire, comme l'exemple.

Le rôle des *Ligues*, comme celle de la Moralité publique, me semble tout tracé dans la circonstance. Elles peuvent prêter un salutaire appui moral aux sociétés déjà existantes, et provoquer par mille moyens la formation de nouveaux groupes. Elles doivent encore les aider dans leur rôle de propagande et de moralisation, qui peut s'exercer de bien des façons. Une des plus grandes causes de développement de l'alcoolisme chez nous est, à n'en pas douter, cette espèce d'indifférence, d'insouciance, je dirai d'égoïsme, qui nous domine comme un peu tous les peuples trop heureux. Les sentiments de solidarité diminuent, c'est incontestable. Il faut dire aussi que l'insouciance est un peu due à une connaissance incomplète des dangers de l'alcoolisme. Il vous importe de secouer une aussi préjudiciable indifférence, en procédant à une vulgarisation à outrance de la vérité, en faisant pénétrer intensivement vos convictions dans votre entourage. Il ne faut pas se contenter de déplorer le mal, il faut, pour le vaincre, faire œuvre active et payer de sa personne. Il faut gagner à la cause les sphères élevées, dites dirigeantes, de la nation ; il est toujours bon que l'exemple parte de haut.

Il faut encore que les associations s'emploient à une publicité compacte : avis imprimés répandus à profusion, brochures, almanachs à bon marché ou même distribués gratuitement, écrits à la portée de tous les esprits, même des enfants, et où seraient tracés des tableaux terrifiants de l'ivrognerie et de ses conséquences, où l'on s'acharnerait contre les préjugés relatifs à l'alcool, où l'on montrerait par des exemples les avantages de l'abstinence. Il faudrait gagner à nous la presse quotidienne, obtenir d'elle, au besoin en la rémunérant, des articles périodiquement consacrés à l'alcoolisme. A cette publicité, ajoutons celle des conférences faites dans les milieux ouvriers.

Il faut, dans ces divers sens, une grande ténacité, et ne pas se contenter d'une campagne. Il faut savoir acquérir la puissance pénétrante de l'obsession. Pour entrer dans des cerveaux récalcitrants, parfois hostiles, il faut pousser l'activité jusqu'à une sorte de persécution morale adroitement présentée. N'est-ce pas ainsi que les préjugés s'infiltrent peu à peu dans les esprits ? Imitons les procédés que nous enseigne l'observation. En un mot, entourons la question alcoolique d'une incessante et salutaire agitation ; forçons l'opinion publique à s'en occuper.

Vous pouvez encore exercer une pression soutenue par les membres du Gouvernement ou du Parlement, pour obtenir d'eux qu'ils inscrivent à l'ordre du jour de leurs discussions, en première urgence, toutes les questions touchant de près ou de loin à l'alcoolisme, telles que les privilèges des bouilleurs de cru, le dégrèvement des boissons hygiéniques, pour qu'ils se préoccupent vivement de toutes les mesures législatives capables d'améliorer le sort du travailleur, et l'intéresser à son travail en organisant celui-ci mieux qu'il ne l'est aujourd'hui. On devrait exiger de tous les candidats à la députation qu'ils inscrivissent dans leurs programmes la lutte contre l'alcoolisme. Vous pouvez encore rappeler à l'Etat qu'il peut exercer une grande influence, directe et surtout efficace, sur les groupes constitués qui relèvent de son autorité. Il n'a qu'un mot à dire pour faire disparaitre l'alcoolisme de l'armée, pour interdire aux spiritueux l'entrée des prisons.

En vous infiltrant dans les milieux ouvriers, vous pouvez encore agir moralement en dépeignant les avantages de l'épargne, en gagnant les patrons à la cause de l'alcoolisme, en les amenant à exclure de l'atelier les ivrognes invétérés, à prohiber toute boisson spiritueuse ; en développant les sentiments de solidarité entre ouvriers et patrons, ce qui est, en somme, une des formes de l'organisation du travail ; en fondant des cercles où les ouvriers trouveraient des distractions salutaires, des récréations collectives de bon aloi, des cabinets de lecture ; en ouvrant des cantines où l'ouvrier, forcé de s'alimenter hors de chez lui, trouverait de bons aliments et des boissons salubres.

Oserai-je parler ici de l'*influence religieuse*, qui forme, comme vous le savez, l'un des plus puissants moyens d'action des Sociétés de tempérance étrangères ? C'est un point délicat sur lequel vous me pardonnerez de glisser. L'influence religieuse est-elle bonne ou mauvaise, en général, au point de vue moral ? Je ne peux me prononcer, et je me contenterai de constater que, dans un milieu croyant, cette influence a lutté très efficacement contre le fléau. En serait-il de même dans un milieu mécréant, et y aurait-il avantage à transformer religieusement ce milieu pour en faire un terrain favorable à la lutte anti-alcoolique ? Je laisse la réponse à de plus experts.

Vous voyez que j'ai rendu votre action solidaire de celle des Sociétés de tempérance. J'accorde à votre Ligue, comme à ces Sociétés, un rôle capital dans la lutte future contre l'alcoolisme.

Je me transporterai, maintenant, sur un terrain plus général. Je suis convaincu que toutes les tentatives qui auront pour but le *relèvement moral de la population*, auront un retentissement immédiat sur le mal que nous combattons. Or, il est peut-être bien ardu de redresser le moral de gens âgés, d'adultes entraînés depuis longtemps par certains courants contre lesquels ils résisteraient difficilement. Aussi, mes regards se tournent-ils vers *l'enfant*, et je l'aperçois comme le champion désigné des luttes futures. C'est sur lui que nous devons fonder toutes nos espérances; c'est lui que nous devons entourer de notre sollicitude. C'est une pâte molle que l'on peut modeler à sa façon à l'aide de l'instruction, devenue obligatoire. Il reçoit toutes les impressions, bonnes ou mauvaises, et les conserve; elles deviennent le gouvernail de sa future activité. Or, il faut soigner de près l'*éducation* et l'*instruction* de l'enfant.

C'est assez vous dire que je vois dans l'*instituteur* un auxiliaire puissant. Il faut qu'il soit instruit lui-même sur les dangers de l'alcoolisme, qu'on l'exige de lui dans ses examens probatoires, que son enseignement comporte obligatoirement des démonstrations captivantes sur le rôle de l'alcool dans la société. Que d'enfants ne connaissent l'ivrognerie que par l'exemple qu'ils en ont dans les rues et à la maison, et ne reçoivent pas de suggestions contraires! Dans les examens où figurent des questions de morale civique, l'alcoolisme devrait tenir l'un des premiers rangs.

Après l'instruction primaire, l'*instruction professionnelle* devrait recevoir un grand développement et s'effectuer, non plus à l'atelier, mais dans des institutions spéciales, sous l'œil de maîtres vigilants, comme celles qu'a créées déjà la ville de Paris.

L'enseignement secondaire devrait donner à l'*enseignement moral* sa vraie place, éduquer tout en instruisant.

Dans notre fin de siècle, où la science est devenue si vaste, on développe fatalement trop les acquisitions intellectuelles et l'on délaisse à peu près complètement le côté sentimental de notre individualité psychique. On procède aujourd'hui partout, sous le nom d'instruction, à un véritable gavage, et quand le jeune homme, fort en thème, sort du collège, il n'est pas armé pour la lutte de la vie. Au collège, on ne parle pas d'alcoolisme, et l'on voit trop souvent nos jeunes gens en uniforme à la porte des brasseries ou dans les cafés de femmes. C'est un mal énorme, c'est un symptôme de l'absence de morale qui est flagrante dans notre enseignement secondaire.

A côté du rôle de l'instituteur, j'aperçois encore celui de la *femme*. Elle doit représenter mieux que tout autre l'élément moral dans la société, dans la famille, parce qu'elle a dans le couple humain la part du sentiment. Or, son rôle est trop réduit, trop effacé dans notre société moderne, où elle est infériorisée. L'homme la tient, soit inconsciemment, soit par calcul, sous une sorte de joug qui n'est qu'un héritage ancestral indigne d'un peuple civilisé. Cette espèce de servilisme se traduit, chez la femme, soit par une continence, soit par un arrêt de développement de certaines impulsions dont l'homme pourrait tirer, au point de vue moral, un parti très utile. Ce servilisme étouffe encore chez elle bien des pensées élevées, bien des aspirations généreuses. La femme ne reçoit pas l'éducation et l'instruction conformes au rôle qui lui devrait être dévolu. Or, c'est elle, ne l'oublions pas, c'est elle qui doit façonner le moral de nos enfants; c'est elle qui doit pouvoir, au besoin, contrebalancer l'influence pernicieuse du père alcoolisé; c'est elle qui doit, dans le milieu alcoolique, constituer, coûte que coûte, un centre d'attraction capable d'annihiler les influences extérieures. Donnons-lui de la force, elle sera une incomparable alliée dans notre campagne.

Un dernier mot sur l'influence moralisatrice du *médecin* et sur son rôle dans l'alcoolisme. C'est à lui que nous devons beaucoup demander, et de lui que nous devons beaucoup attendre. Il pénètre partout, dans tous les milieux, et à l'aide de sa parole, basée sur une grande expérience, en vertu de l'ascendant qu'il exerce forcément sur son entourage, il peut, s'il le veut, prêcher une véritable croisade contre l'alcool. Je ne saurais trop signaler cet auxiliaire à votre attention. Je suis persuadé que tous mes confrères répondront à votre appel.

Dans la lutte que nous poursuivons, il faut une coopération active de toutes les forces morales et intellectuelles encore disponibles dans notre pays. La question alcoolique a des attaches multiples. Tous nous en sommes solidaires. Tout ce qui pourra améliorer les *conditions matérielle, intellectuelle* et *morale* de l'homme sera autant de gagné contre l'alcoolisme.

« Voulez-vous détourner les populations des boissons mauvaises, dit Frédéric Passy, ne vous limitez pas aux boissons, mais songez à les détourner de tout ce qui est mauvais. Songez à substituer les bons entraînements aux mauvais, les bonnes occupations aux mauvaises. Souvenez-vous que tout se tient, et que le logement défectueux, les vêtements insuffisants, la nourriture mal choisie, sont autant de préparations au cabaret. Enseignez donc à se loger, à se vêtir, à se nourrir, à s'éclairer, à se faire une vie saine et un intérieur confortable. Enseignez surtout, et pour cela ne craignez pas de payer de votre personne, à donner à l'esprit des occupations et des distractions salutaires. Donnez de bons aliments à l'esprit ; le corps n'en cherchera plus de mauvais. » « Pourquoi l'ouvrier boit-il, dit encore M. Barella ? L'ouvrier est généralement mal logé, mal nourri, mal vêtu, mal chauffé, et il a recours aux stimulants alcooliques pour suppléer, par une excitation factice, à l'insuffisance de la nutrition et aux nombreuses causes débilitantes auxquelles il est assujetti. » Je citerai enfin ces mots de M. Coste pour qui le principal remède à l'ivrognerie, surtout à l'ivrognerie de l'alcool, est principalement d'ordre économique et social : « Il faut intéresser le travailleur en organisant le travail mieux qu'il ne l'est aujourd'hui ; il faut favoriser, pour chaque ménage, la possession du mobilier et de l'habitation ensuite ; il faut enfin multiplier les distractions artistiques et encourager les récréations collectives. » (1)

Ces différents extraits résument mieux que je ne saurais le faire le côté moral et social de la question. Ces pensées aussi nettement exprimées, cette uniformité d'opinion émanant d'hommes qui appartiennent à des groupes sociaux très différents, établissent clairement l'union intime du *paupérisme* et de *l'alcoolisme*. Et cette notion est d'un très grand enseignement pour ceux qui ne voient pas qu'un vain mot dans la morale sociale, pour ceux qui ne sauraient oublier qu'à côté des devoirs de l'homme envers lui-même et envers l'humanité, il doit y avoir place pour les devoirs de la collectivité envers l'unité. Tous pour un, un pour tous est la seule vraie formule de la solidarité qui doive présider à l'éclosion des grandes réformes. Aux prises avec l'alcoolisme, l'Etat, qui représente la collectivité, doit se demander s'il s'est acquitté envers elle de tous ses devoirs, s'il n'a pas, par indifférence, par incurie ou par méconnaissance des intérêts moraux et matériels des unités composantes de la population, favorisé le développement du fléau. Il le doit, s'il veut être autorisé à exercer, vis-à-vis de l'unité devenue nuisible, des rigueurs qui seraient arbitraires si elles étaient imméritées. C'est dans une combinaison sage d'une part, de mesures propres à améliorer les situations intellectuelle, morale et matérielle

(1) Ces dernières lignes sont en partie extraites d'un volume en cours de publication et que j'ai intitulé : *Dégénérescence sociale et alcoolisme.*

de tous, émanation d'un gouvernement qui est la représentation synthétique des intérêts collectifs; — et d'autre part, de mesures restrictives, répressives même, destinées à rappeler à l'individu ses devoirs envers tous, que cette grave question de l'alcoolisme trouvera sa solution.

J'en ai fini avec ce travail qui, malgré sa longueur, n'est pas complet. L'immensité des documents m'a envahi. J'ai été surpris par l'énorme quantité de choses que j'avais à dire; j'ai dit ce que j'ai pu, en faisant quelque sélection; vous pardonnerez les lacunes.

Qu'il me soit permis, en manière de *conclusion*, de pousser une fois encore un cri d'alarme, en m'associant aux paroles que répandit autrefois, du haut de la tribune académique, le docteur Decaisne, paroles qui sont encore, hélas! d'actualité en 1894 : « Il y a huit ans, dit-il, devant « le flot montant de l'ivrognerie, malgré mon peu d'autorité, je faisais appel à tous ceux qui voulaient le maintien de la grandeur et de la prospérité du pays. Qu'on le « sache bien, disais-je, cette question de l'alcoolisme intéresse au premier chef l'avenir de la population; il faut « s'en préoccuper, si l'on veut que la France, ce foyer « d'intelligence et d'aspirations généreuses, ce cœur de « l'Europe, ne descende pas du rang qu'elle doit occuper « parmi les nations. — Plus haut, et avec plus de raison « encore qu'il y a huit ans, je pousse le cri d'alarme, car, « si l'on ne porte pas remède au mal qui nous dévore, la « France est menacée de maux incalculables; elle est menacée dans son indépendance, dans son existence même. « On pourra multiplier à l'infini les établissements de « bienfaisance, le nombre des hôpitaux, celui des Sociétés « de secours mutuels, des caisses de retraite, des caisses « d'épargne, etc., tous les efforts de la charité publique,

« tous les miracles de la charité privée et la prévoyance
« la plus sage des hommes d'Etat, tout viendra échouer
« fatalement devant le fléau de l'alcoolisme. »

Résumé de la Communication de M. Fulliquet

Je profite de cette occasion pour adresser à M. le docteur Legrain les remerciements des membres de la Croix-Bleue. Nous nous servons depuis longtemps pour notre propagande de ses articles excellents, publiés par le *Relèvement Social*. Nous pouvons ajouter aux renseignements si complets que renferme son remarquable rapport quelques indications sur l'activité de la Croix-Bleue française. Depuis une année les différentes sections de la Croix-Bleue existant en France se sont réunies en une société française, dont le Comité national réside à Rouen. La section lyonnaise en particulier tient chaque semaine quatre réunions publiques, dont l'une réunit au moins trois cents auditeurs. Elle compte dix-sept ivrognes ou alcooliques complètement guéris. Elle réclame de ses adhérents l'abstinence totale et leur indique, comme unique moyen de rester fidèles à leur engagement, le secours de la prière. Plusieurs buveurs relevés affirment qu'ils auraient été incapables de persévérance s'ils n'avaient compté sur Dieu et nous n'avons aucun cas de relèvement par la seule force de la volonté. Après l'essai tenté à l'Exposition d'un kiosque de tempérance et encouragés par les résultats obtenus, nous allons, pour nous conformer aux conseils de M. le docteur Legrain, ouvrir dans notre ville un café de tempérance. Nous remercions les organisateurs du Congrès d'avoir attiré l'attention publique sur la question capitale de l'alcoolisme et M. le docteur Legrain d'avoir traité cette question brûlante de manière à ne plus permettre aucune hésitation sur les dangers que l'alcoolisme nous fait courir.

Résumé de la Communication du Docteur Rey

MÉDECIN EN CHEF

DE L'ASILE D'ALIÉNÉS DE MARSEILLE

Délégué au Congrès par le Comité de la lutte contre l'alcoolisme qui s'est constitué à Marseille sous le patronage du Comité régional de la Ligue, le docteur Rey estime qu'il y a un très grand intérêt à dénoncer le fléau et ses ravages sur les différents points du territoire. Il fera donc connaître la situation, à ce point de vue, de la région où il observe. C'est, du reste, tout ce qui reste à dire après le remarquable rapport de son savant collègue et ami le docteur Legrain.

Marseille, — et ceci s'applique bien à tout le Midi, même aux plus petites communes, — Marseille, avec son aspect si riant, l'expansion aimable de la foule qui remplit les rues et les boulevards, la rareté de l'ivresse titubante, des visages couperosés, tout cela peut faire croire que l'alcoolisme n'y a pas encore fait de nombreuses et sérieuses victimes, ni de profonds ravages. C'est une apparence trompeuse et qui est un enseignement. Comme le dit M. Eugène Rostand, le Midi a perdu son entière réputation de sobriété. La consommation des alcools à Marseille, qui était de 7,300 hectolitres en 1876, s'est élevée en 1893 à 22,350 hectolitres, sans compter les alcools passés en fraude et dont la quantité est considérable. Le total des boissons alcoolisées consommé est de 60,000 hectolitres environ, et il n'est pas ici question du vin, bière, cidre, etc. Dans cette même période, le nombre des débits de boissons s'est élevé de 2,400 à 3,800 et il existe aujourd'hui 1 débit par 80 habitants, en y comprenant les enfants, femmes et vieillards. Ainsi, la population de Marseille boit trop d'alcool — près de 8 litres par personne — et elle s'empoisonne sûrement, car il entre dans cette consommation une forte proportion d'alcools non rectifiés ou insuffisamment et des boissons contenant les produits toxiques obtenus par l'industrie pour frelater même ceux qui, par leur nature, sont les plus nuisibles.

Aussi les conséquences sont-elles désastreuses pour l'individu et pour l'espèce au point de vue de la santé, de la société et de la morale. C'est l'augmentation considérable, depuis quelques années seulement, et dans toutes les classes de la société, des maladies générales dues à l'intoxication lente, à l'alcoolisme chronique (Docteur Villard). La folie a notablement augmenté dans ces dix dernières années ; elle est plus précoce ; la proportion des formes mentales dues aux excès de boissons, délire alcoolique avec ses différents degrés, démence alcoolique, paralysie générale, s'est élevée à 27 %.

Le docteur Rey a signalé la progression des suicides, la diminution des naissances, le chiffre élevé de la mortalité infantile qui est de 72 p. 1.000 naissances et due en grande partie à des accidents nerveux et cérébraux. Le relevé des cas d'exemption pour cause de faiblesse et surtout pour cause d'épilepsie, d'imbécilité et d'idiotie, la statistique toute récente des enfants arriérés ou anormaux, telles sont encore les preuves évidentes d'habitudes alcooliques déjà anciennes et de leur désastreuse influence sur la descendance. Ces enfants arriérés, si une éducation spéciale ne vient corriger leur infériorité mentale et redresser leurs mauvais instincts, viendront, à leur tour, grossir l'armée du vice et du crime.

L'alcoolisme soulève encore une question d'ordre économique ; il coûte annuellement à Marseille environ 20 millions de francs arrachés ainsi à l'épargne. Cette situation ne pouvait manquer d'éveiller la sollicitude du Comité régional de la Ligue. La lutte contre l'alcoolisme est sérieusement engagée.

Au point de vue prophylactique, l'action individuelle, l'initiative privée peuvent donner de bons résultats ; mais il faut provoquer des mesures législatives et plus encore des mesures de protection pour les buveurs et les alcooliques, plutôt que des mesures de répression. Les pouvoirs publics, les corps élus ne sont guère préoccupés que des réformes au point de vue fiscal et non au point de vue de l'hygiène et de la santé publiques. Actuellement encore, la Commission du Sénat, par l'organe de M. Verninhac, son rapporteur, va jusqu'à exprimer des doutes sur l'existence du danger. Voilà déjà oubliée, parait-il, l'enquête provoquée en 1887 et le beau rapport de M. Claude, des Vosges.

Aux mesures prophylactiques énumérées dans le rapport du docteur Legrain, il y a lieu d'ajouter la surveillamce des débits de boissons et le contrôle des liquides par des inspecteurs spéciaux ; la création de laboratoires d'analyse et une pénalité rigoureuse pour le vendeur d'alcool ou de boissons alcooliques contenant des produits toxiques.

Il faudrait aussi appeler sur la question l'attention des Conseils généraux et leur adresser, à la prochaine session, un vœu formulé et accepté par le Congrès.

CONFÉRENCE DE M. COMTE

C'était assez, semblait-il, pour une journée. Pourtant le soir, une séanee publique dans le grand amphithéâtre de la Faculté des Lettres a réuni plus de 800 personnes empressées autour de M. Comte pour écouter ses raisons contre la réglementation de la prostitution. M. le docteur Augagneur, conseiller municipal, présidait. Il a déclaré au début que, partisan d'abord de la réglementation, il en avait reconnu, après expérience, l'inutilité et l'iniquité. Cette fameuse thèse du vice nécessaire a reçu de l'argumentation de M. Comte des coups qui l'ont singulièrement ébranlée dans l'esprit de ses auditeurs, et ces nouveaux convaincus d'un système plus équitable et plus humain, si nous en jugeons par les applaudissements nourris qui ont à plusieurs reprises souligné la parole du conférencier, feront à leur tour, nous n'en doutons pas, des prosélytes aux principes que nous ne cesserons de professer. En résumé, excellente journée pour nous; l'évènement a justifié la hardiesse de la mesure qui a convoqué ce premier Congrès de la Ligue. Les autres journées de celui-ci ne s'annoncent pas moins bonnes.

LA CONDITION LÉGALE

DE LA

FEMME MARIÉE

EN DROIT FRANÇAIS

RAPPORT

PRÉSENTÉ PAR M. LOUIS BRIDEL, PROFESSEUR A LA FACULTÉ DE DROIT DE GENÈVE

MESDAMES ET MESSIEURS,

C'est de la « condition de la femme en droit français » que je suis appelé à m'entretenir avec vous.

Ainsi formulé, le sujet dont il s'agit comprendrait trois parties principales, assez nettement distinctes les unes des autres :

1° La condition de la femme au point de vue du droit public ; 2° la condition légale de la femme dans la famille ; 3° la condition légale de la femme dans ses rapports de sexe avec l'homme en dehors du mariage.

Voilà, du moins, une manière de diviser la matière. On

pourrait en proposer d'autres; en fait de classification, rien n'est absolu.

Quoi qu'il en soit, on voit tout de suite que nous sommes en présence d'un très vaste sujet : trop vaste pour qu'il ne soit pas nécessaire de procéder à une élimination préliminaire.

Commençons par écarter ce qui concerne le droit public : questions relatives aux droits politiques, etc. Non, certes, que le sujet soit sans intérêt ni importance; mais, guidé par l'idée des réformes à opérer dans la législation, il convient d'aller à celles qui sont le plus urgentes.

J'écarterai également, mais non pas complètement, ce qui concerne la condition de la femme dans ses rapports de sexe avec l'homme en dehors du mariage.

Resterait donc essentiellement à nous occuper de la *condition légale de la femme mariée.*

Pourquoi, dira-t-on peut-être, pourquoi laisser de côté la partie relative aux droits et obligations de la femme hors mariage? Ce côté du sujet n'est-il pas d'une importance capitale? et de nombreuses réformes légales ne sont-elles pas urgentes dans ce domaine?

Oui, certainement, de nombreuses réformes et des réformes profondes sont urgentes dans ce domaine. C'est évidemment un sujet d'une importance capitale, et très particulièrement au point de vue d'une « Ligue pour la moralité publique ». Il s'agit, en effet, de questions telles que les suivantes : délits contre les mœurs, séduction, recherche de la paternité, infanticide, police des mœurs, prostitution, etc.

Si je me décide à laisser de côté, pour le moment, cette partie du sujet, ou à ne l'aborder qu'en passant, — c'est d'abord parce qu'il est nécessaire de se restreindre ; autrement, on se condamne d'avance à rester superficiel ou à n'en pas finir : un double danger qu'il faut éviter.

Il y a encore une autre raison pour procéder ainsi, c'est-à-dire pour traiter en premier lieu de la condition de la femme mariée. Cette raison, la voici :

Si la femme, dans le mariage, n'est pas considérée par la loi comme un être ayant ses droits, droits qui doivent être formellement reconnus et garantis, — que peut-on attendre pour la femme hors mariage : pour la fille séduite, pour la fille-mère, pour la prostituée ?

Si, dans la famille, la femme n'est légalement envisagée qu'en vue de l'homme, à bien plus forte raison en sera-t-il ainsi pour la femme en dehors du mariage.

Aussi longtemps que les droits de la femme n'auront pas été reconnus et garantis dans le domaine du droit matrimonial, tout autrement que ce n'est le cas actuellement, elle parviendra moins encore à obtenir justice dans les autres domaines où ses droits sont actuellement encore méconnus, spécialement en ce qui concerne les rapports des sexes hors mariage.

Cela ne signifie d'ailleurs aucunement qu'il faille se croiser les bras dans ce dernier domaine jusqu'à ce que la réforme du droit matrimonial soit chose faite. Telle n'est point ma pensée. Mais, logiquement, la réforme de la condition légale de la femme mariée me paraît devoir précéder les autres réformes nécessaires.

Si le mot « réforme » résonne ici et revient comme un refrain, — c'est qu'une réforme générale de la législation est urgente en ce qui concerne la condition de la femme : urgente au point de vue social, urgente au point de vue des intérêts de la famille et des individus.

Ouvrez le Code civil, ouvrez le Code pénal, et vous verrez que dès que la femme se trouve en présence de l'homme, dès qu'un sexe est aux prises avec l'autre, les droits de la femme sont méconnus, sacrifiés, foulés aux pieds par la loi française.

Certaines gens se font de singulières illusions à cet égard ! C'est ainsi, par exemple, que dans un article qui a paru dans le *Journal des Débats* du 18 septembre 1894, article fort intéressant d'ailleurs sur « La question féminine en Angleterre », on peut lire ce qui suit : « L'espace me manque pour montrer, comme j'en avais l'intention, que la situation de la femme française est l'une des plus belles et des meilleures qui existent »... Si je rapporte cette citation, c'est qu'elle exprime l'opinion d'un très grand nombre de personnes en France, tant parmi les juristes que parmi les non-juristes.

Or, nous allons voir ce qu'il faut en penser.

Pour ma part, je ne connais pas de législation, — il s'agit, bien entendu, des pays de l'Europe et de l'Amérique, — je ne connais pas de législation de notre monde occidental qui contienne un ensemble de dispositions aussi manifestement défavorables à la femme et contraires à la justice, que le droit français !

Je le dis à regret, mais je constate un *fait*, contraint que j'y suis par l'étude comparative des principales législations de notre continent.

Certes, il est assez remarquable que la « patrie de la Révolution » ne soit pas encore parvenue, en ce qui concerne la femme et ses droits, à s'inspirer des grands principes de liberté et d'égalité que, la première en Europe, elle a pourtant l'honneur d'avoir proclamés ! — Et quiconque aime la France, quiconque sait ce qu'il lui doit personnellement et ce que lui doit la civilisation en général, ne peut que souffrir d'un pareil état de choses et s'en indigner.

Mais il est un fait qui doit nous encourager dans la poursuite des réformes dont il s'agit, un fait qui peut nous donner bon espoir : c'est qu'une série de lois, dictées par un esprit relativement libéral, ont récemment vu le jour en France, dans le domaine du droit de famille :

La loi du 27 juillet 1884 sur le divorce ; la loi du 24 juillet 1889 relative à la protection des enfants maltraités ou moralement abandonnés ; la loi du 9 mars 1891 concernant les droits de l'époux survivant sur la succession de son conjoint prédécédé ; la loi du 6 février 1893 qui a rendu à la femme séparée de corps le plein exercice de sa capacité civile. Et d'autres réformes encore, d'autres modifications au Code civil, existent à l'état de projets de loi.

L'opinion publique, si longtemps indifférente, commence à se réveiller de sa torpeur et à se prononcer pour un système différent en faveur de la femme, pour un système de liberté et d'égalité.

Les commentateurs les plus récents du Code civil, quelques-uns d'entre eux tout au moins, ont renoncé à « l'adoration perpétuelle » en face de ce monument législatif ; ils se sont décidés à critiquer, quoique d'une manière bien timide encore le plus souvent, une partie de ce qui doit être critiqué en matière de droit matrimonial, au point de vue de la condition de la femme.

De tout cela, nous pouvons augurer une réforme générale de cette partie de la législation française. Nous pouvons espérer que l'heure de la justice a sonné pour le sexe jusqu'ici légalement opprimé.

Assurément, un très grand nombre de femmes n'ont pas à souffrir personnellement de l'état plus que défectueux de la législation à leur égard. Elles ne se plaignent donc pas d'un état de choses qui ne les atteint pas directement, et qu'elles ignorent pour la plupart.

Quant à la femme victime, d'une manière ou d'une autre, des injustices légales, le plus souvent elle n'est pas en mesure de faire entendre sa voix ; elle ne sait pas, d'ailleurs, que c'est à la *loi* que remonte en grande partie la cause de ses misères ; comment pourrait-elle s'en rendre compte ? Elle se soumet donc, avec ou sans résignation, à ce qu'elle envisage comme une conséquence plus ou moins inévitable de la nature même des choses !

L'injustice n'en règne pas moins. Et c'est contre l'injustice que nous devons lutter sans trêve ni repos : nous tous, hommes et femmes, qui sommes arrivés à comprendre ce qui en est, nous tous qui avons foi dans le triomphe de la justice !

C'est donc essentiellement « de la condition légale de la femme mariée » qu'il doit être ici question.

Ainsi envisagé, le sujet dont il s'agit se divise tout naturellement en trois parties : la condition de la femme quant à sa *personne*, quant à ses *biens*, quant aux *enfants* qui sont nés du mariage.

A ces trois points de vue, la femme est légalement assujettie, ses droits sont méconnus.

Comme le dit fort bien M. Théophile Huc dans son « Commentaire théorique et pratique du Code civil », le plus récent des grands ouvrages consacrés à la législation civile de la France : « Quand le législateur a voulu déterminer la condition respective de chaque époux dans le ménage commun, il s'est laissé influencer par les vieilles traditions sur la prétendue infériorité de la femme, et il l'a absolument subalternisée. » Et plus loin : « On ne voit pas quelle serait la base de l'obéissance que la femme devrait au mari. » Et ailleurs : « Pour déterminer l'étendue des droits et des devoirs dérivant du mariage, le législateur aurait dû prendre pour base l'égalité incontestable entre l'homme et la femme. »

Cela, à propos de l'article 213 du Code civil : « Le mari doit protection à sa femme, la femme obéissance à son mari », disposition d'où découle l'institution de la « puissance maritale » qui est à la base de tout le droit matrimonial français.

Ainsi qu'il a été dit tout à l'heure, la question de la condition légale de la femme mariée se divise naturellement en trois parties : quant à la personne, quant aux biens, quant aux enfants.

Pour chacune de ces divisions, je m'attacherai à quelques points essentiels, à propos desquels une réforme est particulièrement urgente.

Pour tout le reste, pour les nombreuses questions que je ne pourrai pas même aborder en passant, je me permets de renvoyer au petit volume que j'ai publié au mois de septembre 1893 : *Le Droit des Femmes et le Mariage.*

Laissant donc de côté plusieurs chapitres du droit matrimonial, dont quelques-uns de grande importance mais qui ne peuvent figurer ici, notamment le chapitre de « l'Incapacité de la femme mariée », voici quels seront les points que nous traiterons ensemble :

I. De la fidélité conjugale et de l'*adultère ;*

II. Du régime des *biens,* et spécialement du droit de la femme au produit de son travail personnel ;

III. Des droits de la *mère* en présence de ceux du père.

Après quoi, quelques mots de la condition légale de la femme *hors mariage :* quelques indications seulement sur ce qui, dans ce domaine, touche de plus près au droit de famille.

Je terminerai par un certain nombre de *Thèses,* qui serviront de conclusions à ce travail.

I

LA FIDÉLITÉ CONJUGALE ET L'ADULTÈRE

« Les époux se doivent mutuellement fidélité, secours, assistance. » — Ainsi s'exprime l'article 212 du Code civil, au début du chapitre intitulé : « Des droits et des devoirs respectifs des époux. »

La fidélité est évidemment l'un des principaux devoirs résultant du mariage ; elle en constitue, à certains égards, l'obligation primordiale et par excellence.

Le droit français, comme la plupart des autres législations modernes, contient une double sanction de cette obligation : l'une, qui relève du droit civil, l'adultère de l'un des époux étant une cause de divorce ou de séparation de corps pour son conjoint ; l'autre, qui relève du droit pénal, l'adultère pouvant être frappé dans certains cas d'une peine plus ou moins grave.

Il importe de distinguer nettement ces deux faces de la question, ces deux sortes de conséquences ou de sanctions possibles de l'adultère.

1° CONSÉQUENCES CIVILES DE L'ADULTÈRE

A cet égard, le droit français a fait un grand pas dans la voie de la justice et de l'égalité des sexes, depuis la loi sur le divorce du 27 juillet 1884.

D'après le Code civil primitif, au Titre « Du divorce » promulgué le 31 mars 1803, le mari pouvait toujours demander le divorce, ou la séparation de corps, pour cause d'adultère de sa femme ; tandis que celle-ci ne pouvait faire valoir l'infidélité de son mari, pour arriver au même résultat, que si celui-ci avait « tenu sa concubine dans la maison commune ». Ainsi, d'après les articles 229 et 230 du Code civil.

Depuis la loi du 27 juillet 1884, la rédaction de ces deux articles est la suivante : 229. « Le mari pourra demander le divorce pour cause d'adultère de sa femme. » — 230 : « La femme pourra demander le divorce pour cause d'adultère de son mari. » — Il y a donc égalité de traitement des deux époux, à ce point de vue.

2° CONSÉQUENCES PÉNALES DE L'ADULTÈRE

Tandis que la loi du 27 juillet 1884 a heureusement modifié le Code civil en ce qui concerne les conséquences civiles de l'adultère (en tant que cause de divorce ou de séparation de corps), les dispositions du Code pénal de 1810 n'ont pas été modifiées sur ce point :

« La femme convaincue d'adultère subira la peine de l'emprisonnement pendant trois mois au moins ou deux ans au plus. Le mari restera le maître d'arrêter l'effet de cette condamnation, en consentant à reprendre sa femme. — Le mari qui aura entretenu une concubine dans la maison conjugale, et qui aura été convaincu sur la plainte de la femme, sera puni d'une amende de cent francs à deux mille francs. » (Code pénal, art. 337, 339.)

C'est ainsi que le droit pénal français comprend la fidélité que se doivent mutuellement les époux !

Pour compléter le tableau, il faut citer encore la disposition en vertu de laquelle « le meurtre commis par l'époux sur son épouse, ainsi que sur le complice, à l'instant où il les surprend en flagrant délit dans la maison conjugale, est excusable ». (Code pénal, article 324.) — L'excuse, d'où résulte une atténuation de la peine portée contre l'homicide, n'est donc admise qu'en faveur du mari qui tue sa femme et non pas en faveur de la femme qui tuerait son mari dans les mêmes circonstances.

Il n'est actuellement pas un seul pays de l'Europe où se

rencontre un ensemble de dispositions pareilles en matière d'infidélité conjugale !

Quelques législations pénales (Belgique, Italie, Espagne) contiennent aussi une inégalité de traitement entre l'adultère du mari et l'adultère de la femme ; mais il n'en est aucune qui consacre une inégalité aussi complète au détriment de la femme.

Les autres législations tiennent la balance égale entre les époux, avec des solutions qui sont d'ailleurs fort divergentes les unes des autres.

D'après la loi pénale d'un certain nombre de pays, l'adultère de l'un des époux, sans différence entre le mari et la femme, est considéré comme un délit, indépendamment de la question de savoir s'il a causé la rupture du mariage ou non, et, comme tel, se voit frappé d'une peine plus ou moins forte. Ainsi en Autriche, dans les Pays-Bas, en Russie, dans la moitié environ des cantons de la Suisse.

D'après la loi pénale d'autres pays, l'adultère n'est envisagé comme un « délit », c'est-à-dire comme une infraction relevant du droit pénal, qu'autant que l'adultère dont il s'agit a été cause de divorce ou de séparation de corps. Dans ce cas, l'époux coupable (mari ou femme) est passible d'une peine ; mais dans ce cas seulement. Ainsi en Allemagne, en Hongrie, dans quelques cantons de la Suisse (Zurich, Bâle ville, Soleure, Neuchâtel). Ainsi également d'après l'Avant-projet de code pénal suisse, article 120 : « Lorsqu'un mariage aura été dissout pour cause d'adultère, les coupables, sur la réquisition du tribunal qui aura prononcé le divorce, seront punis de l'emprisonnement ».

Enfin, d'après la législation de quelques autres pays, l'adultère n'est point envisagé comme un « délit » : ni celui du mari, ni celui de la femme. Cause légitime de divorce ou de séparation de corps, l'adultère est considéré comme relevant de la morale et du droit civil, mais ne constitue pas une infraction passible d'une peine. Ainsi en Angleterre, dans l'Etat de New-York, dans le canton de Genève. Il en était de même d'après la loi française de 1791.

Ce dernier système est, à mon avis, le plus conforme aux véritables principes en la matière.

Quoi qu'il en soit, de toutes les législations pénales actuellement en vigueur, la plus défavorable pour la femme et la plus contraire à la justice, c'est le Code pénal français, dont les dispositions sont ici d'une iniquité révoltante et d'un ridicule achevé !

Ce mari, convaincu d'avoir entretenu une concubine dans la maison conjugale, et qui s'en tire avec une amende... qu'il paiera sans doute avec les revenus provenant des biens de sa femme ! bien mieux, avec l'argent péniblement gagné par celle-ci pour donner du pain à ses enfants, tandis que son seigneur et maître cohabitait avec une autre !

Ne serait-il pas temps de mettre le Code pénal en harmonie avec le Code civil ? et de proclamer enfin une « égalité » qui existe dans la plupart des pays civilisés.

Mais, dit-on, l'adultère de la femme peut avoir pour la famille des conséquences tout autrement désastreuses que l'adultère du mari : l'enfant d'un autre homme pouvant être introduit parmi les enfants du ménage. C'est vrai. Mais les conséquences possibles de l'adultère du mari ne sont pas moins désastreuses, à un autre point de vue, car il peut en résulter la naissance d'un enfant du mari en dehors du mariage.

La conclusion de tout cela me paraît s'imposer clairement : égalité de traitement des deux époux en ce qui concerne la fidélité conjugale.

II

LE RÉGIME DES BIENS, ET LE DROIT DE LA FEMME SUR LE PRODUIT DE SON TRAVAIL

Lorsqu'un ménage se fonde, un règlement de ses intérêts pécuniaires doit nécessairement exister, vu les charges qui naissent du mariage.

Un contrat de mariage peut être passé afin de régler ces questions. Mais le plus grand nombre de ménages ne font pas de contrat.

C'est ainsi que dans le canton de Genève, pour prendre un exemple hors de France mais dans un pays où le Code civil français est resté en vigueur en matière de droit matrimonial quant aux biens, sur une moyenne de 900 mariages par an, il n'y en a guère que 150 chaque année qui soient accompagnés d'un contrat de mariage, soit un sixième tout au plus.

A Paris, la proportion est à peu près la même : sur 22.000 mariages célébrés annuellement, on en compte environ 3.600 ayant donné lieu à la rédaction d'un contrat.

A Lyon, la proportion des mariages précédés d'un contrat est plus forte qu'à Paris ou à Genève : environ 1.000 sur 3.200, un peu moins du tiers.

Pour toute la France (année 1890) : sur 269.332 mariages, 85.791 ont donné lieu à la rédaction d'un contrat, soit un peu moins du tiers.

A défaut de contrat de mariage, les époux sont placés

sous le « régime légal » ou de droit commun, dont l'importance est des plus considérables, puisque la grande majorité des mariages s'y trouvent soumis de plein droit ; et pour les époux mêmes qui font un contrat, le régime légal joue toujours un rôle plus ou moins subsidiaire.

Le régime légal du Code civil français est un régime dit « de communauté », c'est-à-dire que les biens appartenant à chacun des époux cessent de leur appartenir en propre, mais deviennent « communs » à partir de la célébration du mariage. Ce n'est d'ailleurs qu'une partie seulement des biens de chaque époux qui devient ainsi propriété commune, destinée à se partager à la dissolution du mariage entre les époux ou leurs héritiers.

La communauté adoptée comme régime légal ou de droit commun par le Code civil français est la « communauté des meubles et des acquêts ». (Voir l'art. 1401 du Code civil.)

Ces « biens communs », comment seront-ils administrés ? Le Code nous répond : « Le mari administre seul les biens de la communauté. Il peut les vendre, aliéner et hypothéquer sans le concours de la femme. Il ne peut disposer entre vifs à titre gratuit des immeubles de la communauté ni de l'universalité ou d'une quotité du mobilier, si ce n'est pour l'établissement des enfants communs. Il peut, néanmoins, disposer des effets mobiliers à titre gratuit et particulier au profit de toutes personnes, pourvu qu'il ne s'en réserve pas l'usufruit. » (Art. 1421, 1422.)

On voit ce qu'est la « communauté » du droit français : une soi-disant société de biens, où l'un des associés a tous les droits et dont l'autre n'a rien à dire !

Comme le dit fort bien M. Acollas, dans son petit livre sur le Contrat de mariage : « La communauté est peut-être le pire trompe-l'œil qui existe dans nos lois, cette communauté abusive et mensongère où souvent la femme apporte tout ce qu'elle possède, tout ce qui même constitue le fonds commun, où elle ne peut disposer qu'avec la permission du mari qu'elle a enrichi et dont souvent elle ne sort que dépouillée et ruinée. »

Il est une autre conséquence du système, conséquence pire encore que celle qui vient d'être signalée : c'est que les *gains* de la femme tombent dans la communauté et sont ainsi à la disposition du mari, qui peut en disposer selon son bon plaisir, comme le maître dispose du produit du travail de son esclave !

Quelques exemples pris dans la vie de tous les jours en diront plus que de longs développements :

Une femme gagne honorablement mais péniblement sa vie, au moyen de quelque travail manuel ou intellectuel, peu importe lequel. Elle y est forcée parce que son mari, négligeant ses devoirs, ne l'entretient pas, ni ses enfants. Il a plus ou moins abandonné les siens. Mais, de temps à autre, il apparaît, fait main basse sur ce qu'il trouve à la maison, vend tout ou partie des effets mobiliers qui garnissent le logis, la machine à coudre que sa femme avait achetée avec le produit de son labeur quotidien et qui lui sert de gagne-pain... Et il s'en va.

Il est légalement dans son droit, ce mari, en vendant ces meubles ou en prenant cet argent. N'est-il pas seigneur et maître !

Un autre exemple. Lasse de subir les mauvais traitements de son mari et de vivre dans la misère avec ses enfants, aux besoins desquels celui-ci ne pourvoit pas, une femme s'engage comme domestique dans une famille de la localité ou des environs. Le mari laisse faire. Mais à la fin du mois ou du trimestre, il fait signifier au maître chez lequel sa femme est en place qu'on ait à lui payer à lui, le mari, les gages de sa femme... Il en a le droit !

Encore un exemple. Une pauvre femme va faire des journées. Elle n'a que peu de forces, mais elle travaille dur pour l'entretien des siens. Le soir, quand elle rentre au logis, fatiguée, harassée, et qu'elle a encore dû mettre de l'ordre dans son propre ménage : Donne-moi le gain de ta journée! lui dit son mari, qui empoche l'argent péniblement gagné par sa « compagne dans la vie » et s'en va le dépenser au cabaret, ou ailleurs... Il en a légalement le droit !

Et si le mari fait des dettes, ses créanciers pourront faire saisir l'argent gagné par la femme et se désintéresser ainsi sur les biens de celle-ci.

On pourrait multiplier les exemples. Les cas ne sont que trop fréquents. Pas n'est besoin de chercher longtemps ni d'aller bien loin, car ils abondent et il en est qui sont vraiment lamentables.

On s'imagine parfois, en France, que la loi du 9 avril 1881 portant création d'une Caisse d'épargne postale aurait amélioré les choses, et qu'elle permettrait à la femme de mettre à l'abri le produit de son travail et d'en disposer librement. Il n'en est rien.

L'article 6 de ladite loi s'exprime en ces termes : « Les femmes mariées, quel que soit le régime de leur contrat de mariage, seront admises à se faire ouvrir des livrets sans l'assistance de leurs maris ; elles pourront retirer sans cette assistance les sommes inscrites aux livrets ainsi ouverts, sauf opposition de la part de leurs maris. »

La femme peut donc placer à la Caisse d'épargne l'argent qu'elle gagne. Fort bien. Mais s'il y a « communauté légale », ce qui sera presque toujours le cas lorsqu'il s'agit de gens qui placent à la Caisse d'épargne, le mari peut faire opposition à ce que la femme retire son argent pour en disposer; la loi le dit expressément. — Il y a plus encore. Le mari peut toucher lui-même, en totalité ou en partie, les sommes placées par sa femme : maître de la communauté, l'administration des biens qui en dépendent lui appartient sans conteste.

Pour que la disposition légale dont il s'agit fût réellement efficace, elle devrait être rédigée ainsi : « La femme est *seule* admise à retirer les sommes déposées, sauf opposition du mari en cas de détournement », ainsi qu'on le propose actuellement en Belgique (Projet Frank).

La femme n'a d'autre garantie que de recourir au divorce ou à la séparation de corps : seule issue légale pour sortir d'une situation intolérable. Et la statistique nous montre que les femmes y recourent en grand nombre. — Si l'on veut diminuer le nombre croissant des divorces, qu'on s'en prenne donc à ses causes !

Parmi les pays dont la législation est tout aussi mauvaise que celle de la France, en ce qui concerne le produit du travail de la femme mariée, il faut citer entre autres : la Belgique et la plupart des cantons suisses.

Mais nombreux sont les pays dont la loi est infiniment supérieure, sur ce point, au Code civil français et aux législations cantonales de la Suisse.

Il y a d'abord les pays dont le régime légal est celui de la « séparation des biens », car sous ce régime les gains de la femme restent à sa libre disposition, sauf pour elle à contribuer dans une certaine proportion aux charges du ménage. Ainsi en Russie (le Svod), en Italie, en Angleterre, dans un grand nombre des Etats de l'Amérique.

En outre, il y a plusieurs autres pays, dont le régime légal n'est pas celui de la séparation des biens, mais qui ont récemment réformé leurs lois matrimoniales, en vue de garantir à la femme mariée le produit de son travail. Ainsi la Suède, le Danemark, la Norvège.

Il convient de mentionner encore le Projet de Code civil pour l'empire d'Allemagne, ainsi qu'un Avant-projet de droit matrimonial pour la Suisse (1).

Les femmes françaises resteront-elles longtemps encore dans l'état d'infériorité légale qui est leur partage, comparativement à ce qui existe dans le plus grand nombre des Etats de l'Europe, sans parler de l'Amérique ?

(1) La loi genevoise du 7 novembre 1894 vient d'opérer la réforme en question pour le canton de Genève. (Voir à l'appendice.)

Une réforme légale sur ce point est urgente : réforme partielle garantissant à la femme mariée la libre disposition du produit de son travail personnel ; ou, mieux encore, réforme générale consistant dans l'adoption du régime de l'indépendance ou de la séparation des biens, en tant que régime légal ou de droit commun.

L'exemple de ce qui s'est passé en Angleterre est particulièrement instructif à cet égard.

Avant 1870, le droit coutumier de ce pays attribuait au mari la propriété complète et sans réserve de tous les biens meubles de la femme. Quant aux immeubles, celle-ci en conservait la propriété, mais le mari en avait l'administration et l'usufruit. La femme était d'ailleurs, pour ainsi dire, sans personnalité civile : elle ne pouvait ester en justice, ni accomplir aucun acte, fût-ce avec le concours de son mari ; elle ne pouvait pas même faire un testament qui fût légalement valable.

La loi du 9 août 1870 vint apporter un remède à cet état de choses et commencer la transformation du droit matrimonial de l'Angleterre, dans le domaine des intérêts pécuniaires.

L'article 1er de cette loi garantit expressément à la femme mariée le produit de son travail. Ses gages ainsi que les gains par elle réalisés dans un emploi, par le fait d'un commerce séparé ou par suite de travaux littéraires, artistiques ou scientifiques, sont déclarés lui appartenir et rester à sa disposition exclusive : la femme étant libre de placer les sommes dont il s'agit, suivant ses convenances, dans une caisse d'épargne, en rentes sur l'Etat, ou autrement.

Telles sont les principales dispositions de la loi de 1870, une loi de justice et de liberté. Mais la réforme ne devait pas s'arrêter en si beau chemin.

Douze ans plus tard, en effet, le 18 août 1882, une loi nouvelle fut promulguée sur la matière, loi générale destinée à refondre et à « consolider », en les réformant, les différentes règles relatives aux biens de la femme mariée : *The married Women's Property Act*, 1882.

D'après cette loi, qui fut déclarée applicable à l'Angleterre et à l'Irlande, l'Ecosse ayant déjà depuis l'année précédente une loi tout à fait analogue, la femme mariée est capable d'acquérir et de disposer. Elle possède comme « propriété séparée » tous les biens dont elle est propriétaire au moment de son mariage, ainsi que ceux qu'elle acquiert au cours du mariage par succession ou par donation, comme bénéfice dans l'exercice d'une profession séparée, ou par ses talents artistiques, littéraires ou scientifiques.

La réforme inaugurée en 1870, pour certaines catégories de biens seulement, a donc été étendue en 1882 à tous les biens de la femme, désormais libre de posséder, d'acquérir et de disposer, comme si elle n'était pas mariée.

Elle peut s'obliger par contrat jusqu'à concurrence de ses biens propres. Elle peut ester en justice, sans qu'il soit besoin de mettre le mari en cause. L'administration et la jouissance de son patrimoine lui appartiennent, comme au mari l'administration et la jouissance de son patrimoine à lui : les charges du mariage se répartissant entre les époux en proportion de leurs facultés respectives.

En résumé, la femme mariée jouit actuellement, dans le Royaume-Uni de Grande-Bretagne et d'Irlande, d'une indépendance pécuniaire complète, qui fait naturellement ressentir son contre-coup sur les rapports personnels des conjoints ; ce qui est d'autant plus remarquable que la législation anglaise était, il y a peu d'années encore, une des moins libérales et des plus arriérées à cet égard.

L'Angleterre n'a fait, d'ailleurs, que suivre l'exemple donné de l'autre côté de l'Atlantique par plusieurs des Etats de l'Union américaine, notamment à New-York. Mais elle a su le suivre !

Comparer la législation britannique avec le Code français ou avec les lois en vigueur dans la plupart des cantons de la Suisse, en matière de droit matrimonial quant aux biens : c'est établir la comparaison entre un régime d'égalité et de liberté d'une part, un régime de servitude et d'inégalité, d'autre part. Et ce n'est pas dans nos républiques à bruyantes prétentions démocratiques ou libérales, que se trouve la solution conforme à la justice !

L'exemple si instructif de l'Angleterre, qui a commencé par la réforme partielle de 1870, pour en arriver douze ans plus tard à la réforme radicale que nous avons vue ; le fait que la séparation des biens est le régime actuellement en vigueur d'après la législation des trois plus grandes puissances du monde occidental (la Russie, la Grande-Bretagne et les Etats-Unis) ; les avantages multiples que présente à tant d'égards ce régime, le plus simple et le plus équitable de tous ; la tendance de plus en plus marquée de la civilisation moderne à concéder à la femme les mêmes droits qu'à l'homme : ne voilà-t-il pas des raisons suffisantes pour décider la France, la Belgique et la Suisse à renoncer aux errements du passé pour se rallier à la cause du progrès et de la liberté ?

Quoi qu'il en soit de cette réforme générale en fait de régime quant aux biens, réforme qui a certainement pour elle l'avenir et qu'il serait bon d'effectuer le plus promptement possible, la réforme partielle concernant le droit de la femme au produit de son travail est une réforme sociale et juridique nécessaire, et la justice la plus élémentaire exige qu'il y soit procédé sans retard.

III

LES DROITS DE LA MÈRE

Examinons maintenant le troisième point sur lequel nous devons nous arrêter ensemble : les droits de la mère en présence des droits du père.

Si la femme est assujettie et subalternisée quant à sa *personne* et quant à ses *biens*, ses droits sur ses *enfants* ne sont pas moins sacrifiés par la loi française.

La « puissance paternelle », telle qu'elle est organisée par le Code civil, donne au père tous les droits, ne laissant à la mère qu'un rôle absolument effacé, aussi longtemps du moins que le père et mari vit encore. Celui-ci mort, il en est différemment : dans ce cas, en effet, le droit français se montre plus favorable à la mère que beaucoup d'autres législations, en statuant que la mère survivante est tutrice de plein droit de ses enfants mineurs.

Mais en présence du père, la mère « légalement » ne compte pour ainsi dire pas.

Après avoir dit que l'enfant, à tout âge, doit honneur et respect à ses père et mère et qu'il reste sous leur autorité jusqu'à sa majorité ou son émancipation, le Code ajoute : « Le père seul exerce cette autorité durant le mariage. » (Art. 371, 372, 373.)

Une loi récente est venue considérablement modifier l'institution de la puissance paternelle telle que l'avait conçue le Code civil : c'est la loi du 24 juillet 1889 sur la protection des enfants maltraités ou moralement abandonnés, loi dont une grande partie des dispositions concernent les cas où il peut y avoir « déchéance » de la puissance paternelle. Mais cette loi, comme son titre l'indique, est essentiellement une loi de protection pour les enfants contre les abus d'autorité de la part de leurs père et mère ; ce n'est pas une loi destinée à garantir les droits de la mère contre les abus d'autorité de la part du père et mari.

En vertu des dispositions du Code civil, la mère se trouve donc légalement sans droits en présence du père.

Prenons quelques exemples :

1° Le père exerçant seul l'autorité durant le mariage, il en résulte qu'au point de vue de l'*éducation* des enfants, il peut légalement agir suivant son bon plaisir.

Lui seul décidera de l'instruction à donner aux enfants, de leur éducation religieuse ou non, du choix d'une profession ou d'un métier, etc... Tout cela, sans que la mère ait légalement rien à dire, sans qu'elle puisse faire entendre sa voix, malgré tous les abus d'autorité possibles de la part du père. Et ces abus ne sont pas rares.

Est-ce un état de choses qui soit normal et conforme à la justice ? La femme ne doit-elle pas avoir son mot à dire quand il s'agit du fruit de ses entrailles ?

2° Une autre conséquence de l'omnipotence paternelle : ce qu'on appelle le *droit de garde*. C'est le père qui décidera si l'enfant restera à la maison ou si on l'enverra au dehors, en pension, au couvent, à l'étranger, loin de la mère.

On voit d'ici les abus qui peuvent en résulter, et comment dans un ménage où règne la mésintelligence le mari pourra tourmenter sa femme par ce moyen-là.

Supposons la mère malade, à l'hôpital. Elle demande à voir ses enfants. Si le père s'y refuse... il est le maître, toujours le maître !

3° Un enfant est en âge de *se marier*. Dans ce cas, du moins, la mère pourra faire entendre sa voix ? Non pas. D'après l'article 148 du Code civil, en cas de dissentiment entre les deux parents, c'est l'avis du père qui l'emportera toujours. Peu importe l'avis de la mère ; comme s'il ne valait pas celui du père, en pareille circonstance!

Mais comment remédier à cet état de choses, demandera-t-on. Comment réformer la loi sur ce point, et donner à la mère voix au chapitre (en matière d'éducation, de garde, de mariage) sans détruire l'unité de direction nécessaire dans la famille?

Il y a des cas où rien n'est plus simple. Il en est d'autres où c'est plus difficile, mais non pas impossible.

Lorsqu'il s'agit du mariage d'un enfant mineur de 21 ans, celui-ci devrait, semble-t-il, avoir besoin du consentement de ses deux parents pour pouvoir contracter l'union projetée; le consentement du père *et* le consentement de la mère devraient être requis par la loi.

Lorsqu'il s'agit du mariage d'un enfant majeur de 21 ans, il serait conforme aux intérêts les plus élevés de la société que l'enfant n'eût légalement plus besoin du consentement de personne pour pouvoir se marier. Il en est ainsi en Angleterre ; il en est de même en Suisse, et cela dès vingt ans. L'intérêt social est ici d'accord avec les droits de l'enfant devenu majeur.

Si l'on croit devoir conserver une « majorité matrimoniale » spéciale, plus tardive que la majorité ordinaire, ainsi que c'est le cas d'après le droit français actuel, alors la loi devrait décider qu'en cas de dissentiment, l'avis de celui des père ou mère qui dit « oui » sera prépondérant. Si les deux parents refusent leur consentement, le mariage ne pourrait avoir lieu ; mais si l'un d'eux est d'avis que l'enfant doit pouvoir contracter l'union projetée, cet avis (conforme à la volonté de l'enfant majeur) devrait l'emporter sur l'avis de celui qui s'opposerait au mariage.

Cet exemple nous montre qu'il y a moyen de trancher légalement les difficultés, dans certains cas tout au moins, sans sacrifier les droits de la mère à ceux du père et sans avoir besoin de recourir à l'intervention d'une autorité étrangère pour départager les voix.

Dans le plus grand nombre de cas, il est vrai, la solution n'est pas aussi simple.

Mais voici ce que la loi pourrait et devrait admettre :

En cas de dissentiment entre le père et la mère sur une question importante relative à la garde ou à l'éducation des enfants communs : qu'un droit de *recours* soit donné à la mère (au président du tribunal ou au juge de paix).

A l'appui de la solution proposée, je signalerai la disposition suivante du code civil des provinces Baltiques : « Si la mère est convaincue que la volonté du père soit de nature à préjudicier aux enfants, elle peut s'adresser à l'autorité judiciaire qui, dans ce cas, pourra lui confier à elle-même l'éducation des enfants ».

En Angleterre, ou plus exactement dans le Royaume-Uni de Grande-Bretagne et d'Irlande, il existe une loi du 25 juin 1886 sur la tutelle des enfants, loi dont l'article 5 s'exprime en ces termes :

« A la requête de la mère de l'enfant, la cour peut rendre telle ordonnance qu'elle jugera à propos concernant la garde de cet enfant et le droit d'accès de chacun des parents auprès de lui, en tenant compte des intérêts de l'enfant, de la conduite des parents et des vœux aussi bien de la mère que du père ; la cour peut modifier, changer ou rapporter ladite ordonnance à la requête de chacun des parents... »

Voilà ce que statue la loi britannique de 1886. Et l'on sait si les Anglais passent pour admettre volontiers l'ingérence de l'Etat dans leurs affaires personnelles ou de famille !

IV

HORS MARIAGE

Il n'a été question jusqu'ici que de la femme mariée, et je n'ai pu signaler qu'une partie des dispositions légales qui demanderaient à être réformées.

Mais si la condition légale de la femme dans la famille laisse pareillement à désirer, c'est bien pire encore lorsqu'il s'agit des rapports des sexes en dehors du mariage.

Je me bornerai à quelques brèves indications à ce sujet, renvoyant l'examen de ces questions à un travail subséquent plus approfondi.

1° D'après l'article 331 du Code pénal, « tout attentat à la pudeur consommé ou tenté sans violence sur la personne d'un enfant de l'un ou de l'autre sexe, âgé de moins de 13 ans, sera puni de la réclusion. » — A partir de l'âge de 13 ans, la jeune fille n'est donc plus protégée par la loi française contre les entreprises sexuelles de l'homme, à moins qu'il n'y ait eu violence.

La *séduction* peut se donner libre carrière.

La justice la plus élémentaire et la logique exigeraient que la protection dont il s'agit fût étendue dans tous les cas jusqu'à la « nubilité », soit jusqu'à l'âge de 15 ans ; et dans certains cas, jusqu'à la majorité.

2° D'après l'article 340 du Code civil, la *recherche de la paternité* est interdite : une disposition qui vient admirablement compléter la première !

L'homme peut donc en user librement avec la femme,

pourvu qu'il n'y emploie pas la violence; il peut abuser d'une jeune fille, d'une enfant de treize ans et demi : quant aux conséquences de ses actes, ce n'est pas son affaire... la loi le déclare irresponsable!

C'est tout simplement monstrueux! Toutes les notions du droit et de la morale sont foulées aux pieds par une disposition légale pareille.

3° La malheureuse fille, séduite et rendue mère, une fois abandonnée, ne sachant que devenir avec son enfant : si elle le tue... n'est-il pas souverainement inique de la condamner elle seulement, pour cause d'*infanticide*, alors que « l'autre » n'est pas inquiété par la loi, et qu'il peut recommencer ailleurs? La société n'aurait-elle aucun compte à régler avec lui? La loi ne doit-elle pas frapper l'auteur premier de toute cette misère, celui sans la faute duquel rien ne serait arrivé?

4° Un dernier point. La *prostituée :* pour elle, ni loi ni justice. L'arbitraire administratif règne en souverain dans ce domaine, et, naturellement, c'est toujours au détriment de la femme! Tout est organisé contre elle et pour l'homme. Et cependant il n'y a pas de prostitution possible sans la complicité de l'homme. Si l'on ne veut ou ne peut pas atteindre le complice, de quel droit s'en prendre à la femme?...

En résumé, et pour conclure : ce qu'il faut, ce que nous voulons, ce que nous demandons et ce que nous obtiendrons, c'est que les « droits de la femme » soient reconnus et garantis; c'est que la loi cesse de traiter la femme comme un être créé pour le bon plaisir de l'homme!

Ce dont il s'agit, c'est d'une réforme radicale dans la condition légale des femmes, au nom de la justice. Plus de privilèges de sexe! Réforme nécessaire pour le bien des individus, pour le bien de la famille et de la société!

Voilà, certes, un mouvement auquel peuvent et doivent se joindre et s'associer tous les gens de bien, quelles que soient leurs opinions politiques, sociales ou religieuses ; un mouvement qui a sa source dans les profondeurs de la conscience morale.

Ce qui sort de là, tôt ou tard, l'emportera !

THÈSES

1° Egalité de traitement des deux époux en ce qui concerne la *fidélité conjugale*, au point de vue pénal comme en droit civil. — Si l'adultère est à considérer comme un « délit », c'est-à-dire comme un acte passible d'une peine, le mari ne doit jouir d'aucun privilège à cet égard. (Réforme des articles 336 à 339 et 324 du Code pénal).

2° Quel que soit le régime matrimonial des époux quant à leurs biens, la loi doit garantir à la femme la libre disposition du *produit de son travail personnel*, en lui reconnaissant à cet égard les mêmes droits qu'à la femme séparée de biens (Code civil, article 1449), sous réserve d'une équitable contribution de sa part aux charges du ménage.

3° Les *droits de la mère* doivent être légalement reconnus à côté de ceux du père. Spécialement, qu'un « droit de recours » à l'autorité judiciaire soit accordé à la mère, en cas d'abus d'autorité de la part du père : en ce qui concerne la garde, l'éducation et la correction des enfants communs.

4° Que les dispositions légales conformes à la justice établissent la *responsabilité de l'homme* dans le domaine des rapports des sexes en dehors du mariage, notamment en ce qui concerne la séduction, la paternité naturelle, l'infanticide et la prostitution.

APPENDICE

La Loi Genevoise du 7 Novembre 1894

Le 7 février 1893, l'Association pour la *Réforme de la condition légale des femmes* adressait une lettre au Conseil d'Etat du canton de Genève pour lui demander une double réforme dans le domaine de la législation matrimoniale : 1° Donner à la femme mariée le droit de disposer du produit de son travail personnel, qui serait mis à l'abri des dissipations possibles du mari ; 2° Donner une sanction légale aux obligations résultant pour le mari des articles de la loi en vertu desquels « les époux contractent ensemble, par le seul fait du mariage, l'obligation de nourrir, entretenir et élever leurs enfants », le mari étant tenu de « fournir à sa femme tout ce qui est nécessaire pour les besoins de la vie, selon ses facultés et son état ».

Cette pétition reçut le meilleur accueil de la part de la presse ainsi que du Conseil d'Etat. Une commission consultative, nommée par le Département de Justice et Police, fut chargée de préparer un projet de loi qui donnât satisfaction aux demandes des requérants. Une fois élaboré par ladite commission, le projet fut adopté par le Conseil d'Etat, qui le soumit au Grand Conseil, le 23 mai 1894, accompagné d'un intéressant rapport.

Une commission parlementaire fut désignée pour prendre connaissance du projet de loi du Conseil d'Etat ; et, le 3 novembre, le rapport de cette commission fut présenté au Grand Conseil, qui vota le projet en premier et en deuxième débat.

Le projet de loi fut repris, en troisième débat, et définitivement voté par le Grand Conseil dans sa séance du 7 novembre 1894, après avoir subi une heureuse modification à l'article premier.

D'après le texte voté par le Grand Conseil, la loi nouvelle est applicable *à tous les ménages,* quel que soit leur régime matrimonial (avec ou sans contrat de mariage), et non pas seulement aux ménages soumis « au régime de la communauté légale à défaut de contrat », comme l'avait voulu la majorité de la commission. Il s'agit donc d'une disposition « d'ordre public » : excellente mesure, dont peuvent se féliciter sans arrière-pensée tous les amis du progrès.

Promulguée par le Conseil d'Etat le 11 décembre, la loi nouvelle est entrée en vigueur dans le canton de Genève le 12 décembre 1894. En voici le texte :

Article premier. — La femme mariée aura, sur le produit de son travail personnel pendant le mariage et sur les acquisitions provenant de ses gains, les mêmes droits que la femme séparée de biens (art. 1449 C. c.) — Ces droits ne s'étendront pas aux bénéfices résultant d'une activité exercée en commun par les deux époux.

Art. 2. — La femme qui, par son travail, aura acquis des biens personnels, répondra sur ces biens des dettes contractées par elle sans l'autorisation du mari. Elle devra également contribuer proportionnellement à ses facultés et à celles du mari aux frais du ménage commun, à l'entretien et à l'éducation des enfants. Toutefois les biens personnels à la femme ne répondront de ces dernières dettes qu'à défaut de biens appartenant au mari ou à la communauté. Ils ne répondront pas des autres dettes contractées par le mari.

Art. 3. — En cas de contestation, la femme devra établir la provenance de ses biens personnels. Cette preuve pourra se faire par tous les moyens admis par la loi, et même par témoins, quelle que soit l'importance de la demande.

En dérogation aux articles 407 et suivants de la loi de procédure civile, la femme pourra dans ce cas ester en justice sans aucune autorisation.

Art. 4. — A la dissolution du mariage, le mari ou ses héritiers pourront exiger que les biens personnels de la femme, acquis conformément à l'article 1er de la présente loi, soient rapportés à la communauté. — Si la femme ou ses héritiers renoncent à la communauté, ils ne seront pas soumis à cette obligation.

Art. 5. — La séparation de biens peut être poursuivie en justice par la femme, outre les cas prévus par l'article 1443 du Code civil, lorsque le mari ne remplit pas les obligations qui lui incombent en vertu des articles 61, 70 et 72 de la loi du 20 mars 1880, sur l'état-civil, le mariage et le divorce. (Code civil, art. 203, 212, 214.)

Art. 6. — La femme demanderesse pourra, par le jugement prononçant la séparation de biens, obtenir pour elle et ses enfants une pension alimentaire proportionnée aux facultés du mari.

Elle pourra aussi former sa demande en pension alimentaire postérieurement au jugement de séparation de biens. Le Président peut, en cours d'instance, ordonner toute mesure provisionnelle nécessaire pour assurer le paiement de la pension alimentaire.

Art. 7. — A partir de sa promulgation, la présente loi sera applicable à tous les époux domiciliés dans le canton, quelle que soit l'époque de leur mariage, sous réserve des dispositions des traités et de la loi fédérale du 25 juin 1891.

Néanmoins les biens de la femme, même ceux résultant de son travail personnel, qui seraient entrés dans la communauté avant la promulgation de la présente loi, demeureront acquis à la communauté.

Art. 8. — Sont abrogées toutes les dispositions contraires à la présente loi.

Voilà une heureuse réforme réalisée à Genève, et qui le sera sans doute également bientôt dans les autres cantons de la Suisse, ainsi qu'en France et en Belgique, où les mêmes maux appellent les mêmes remèdes.

Garantir à la femme le produit de son travail personnel, — en présence d'un mari qui non seulement ne remplit pas ses devoirs de chef de famille, mais qui se permet de porter la main sur le gain péniblement acquis par sa femme pour subvenir à ses besoins et à ceux des enfants, — y a-t-il un principe de justice qui soit plus élémentaire et dont la réglementation légale soit plus manifestement nécessaire ?

Communication faite par Mme Vincent

AU NOM DE

LA SOCIÉTÉ POUR L'AMÉLIORATION DU SORT DE LA FEMME ET LA REVENDICATION DE SES DROITS

MESSIEURS, MESDAMES,

Je remercie Messieurs les organisateurs et les membres du Congrès de la Moralité publique, qui ont bien voulu me laisser prendre la parole dans cette assemblée; je demande toute leur indulgence.

Après l'exposé si brillant fait par M. le professeur Bridel, à qui nous adressons ici un remercîment public pour son dévouement à la cause des femmes, il ne me reste presque rien à dire; je vais rappeler quelques anciens droits, dont les femmes étaient en possession aux derniers siècles.

Le droit féodal traitait les deux sexes sur le pied d'égalité ; la jouissance du fief pour les femmes comprenait le droit de recevoir des hommages, d'être tutrice des incapables, de rendre la justice, de concéder des chartes, de signer des traités, d'édicter des lois, de présider aux jugements civils et criminels, de battre monnaie, de lever des impôts, d'octroyer des chartes à ses communes, d'imposer des lois à ses sujets, en un mot d'être souveraine dans l'étendue de son fief.

Tous ces droits, la femme les exerça sans conseil et sans tuteur ; le droit féodal, dérogeant du droit commun, affranchit de toute incapacité la femme noble et féodale.

Dans certaines provinces, les familles pouvaient se continuer par les filles, et on leur attribue tous les privilèges d'une héritière, le droit d'anoblir son mari, le droit de transmettre à ses enfants le nom et les biens de ses ancêtres.

Les abbesses de Fontevrault, de Jouarre, de Remiremont jouissaient de prérogatives presques royales ; elles cumulaient la juridiction spirituelle et le pouvoir temporel.

Dans l'arrêt du comité de Clermont en Beauvoisis, adjugé à Louis IX par la Cour des pairs, on voit la comtesse de Flandres nommée parmi les pairs présents. Mahaut, comtesse d'Artois et de Bourgogne, assistait en 1308 au sacre de Philippe le Long, en nom et qualité de pair ; elle soutint, avec les autres pairs, la couronne sur la tête du roi.

Le duché-pairie de Mercœur de Lorraine et de Vaudemont, créé à perpétuité, fut reversible de mâles en femelles en 1569.

Le 18 mars 1611, Louis XIII confirma en faveur de Anne de Halwin, épouse de Henri de Nogaret de Foix, le titre de duché-pairie de Halwin.

En 1599, le même roi avait rétabli le duché-pairie d'Aiguillon en faveur de Marie de Vignerat, veuve d'Antoine de Route, sieur de Combalet, et nièce de Richelieu, avec cette clause singulière : que ladite dame, ses héritiers et ses successeurs, tant mâles que femelles, tels qu'il lui plairait de choisir, pourraient en jouir à leur gré.

En vertu de cette clause, elle appela par son testament, au duché-pairie d'Aiguillon, sa nièce Marie-Thérèse. La duchesse d'Aiguillon avait organisé, au mois de mai 1638, la défense du Havre, dont le roi lui avait conservé le commandement. Ce dernier lui adressa une lettre, en date du 4 juin 1638, dans laquelle il la félicitait du bon état de toutes choses par sa présence au Havre.

Nous trouvons en Auvergne des femmes collecteurs d'impôts.

A Châteaudun, les femmes dirigèrent les hospices. A Dreux, en 1789, une femme dirigeait le bureau de charité.

Sous Napoléon, c'est une femme qui dirige l'hospice de Poissy.

Les dernières traces que nous remarquons, concernant le vote politique des femmes, furent les convocations aux Etats-Généraux, le 24 janvier 1789, article 20.— « Les femmes, les filles et les veuves, ainsi que les mineurs jouissant de la noblesse, pourront se faire représenter par « des procureurs, pris dans la noblesse. »

En vertu des articles 24 et 25 du règlement de 1789, dans les paroisses, communautés, bourgs, ainsi que dans les villes autres que les villes dénommées, tous les habitants composant le tiers-Etat, nés Français ou naturalisés, âgés de 25 ans, domiciliés dans la commune et ayant un rôle séparé d'impositions, furent convoqués aux assemblées primaires.

Dans les communes, les femmes âgées de plus de 25 ans, comprises séparément aux rôles des impositions, c'est-à-dire les femmes chefs de ménage, purent, conformément à l'antique tradition, prendre part aux assemblées provinciales et concourir ainsi à la rédaction des cahiers et à la nomination des députés.

Après les Etats, le décret du 11 juin 1789, qui charge la

municipalité de convoquer les habitants pour délibérer sur le partage des biens communaux, détermine qu'aux assemblées des habitants, tout individu de tout sexe ayant droit au partage, et âgé de 25 ans, aura le droit de voter.

Les Constitutions de 1781, an III et an VIII, ont voulu éloigner les femmes du scrutin ; elles portent, en effet : « Les hommes jouissent des droits politiques. » Les Chartes de 1815 et 1830, sans admettre les femmes à voter, leur reconnaissent un droit dont elles disposaient par délégation.

La femme pouvait, en effet, déléguer ses impôts à son mari, son fils ou son gendre ; pour que celui-ci pût parfaire la quotité exigée par le cens et devenir électeur ; droit minime, c'est vrai, mais il n'en existait pas moins.

Donc, de 1815 à 1848, les femmes disposaient, par délégation, du droit de voter.

En 1848, le cens est aboli, le suffrage universel est proclamé. Il est évident qu'en admettant la jurisprudence actuelle, les femmes ont été dépouillées de la part de vote qu'elles détenaient sous le régime censitaire.

Pourquoi le législateur l'a-t-il faussement appelé suffrage universel ? Le suffrage universel, c'est le vote de tous, sans distinction de sexes.

Dans cet exposé, nous avons groupé les faits les plus marquants de l'action des femmes dans les affaires publiques, jusqu'en 1848.

Dans une grande partie des Etats d'Europe, en Amérique et en Angleterre, l'émancipation des femmes fait chaque jour un nouveau progrès. La France, si longtemps stationnaire, entre maintenant dans cette voie.

Pour terminer notre exposé, nous soumettons à l'approbation du Congrès le texte de la dernière pétition présentée par la Société l'*Amélioration du sort de la Femme* et signée par notre regrettée présidente Maria Deraisme, qui est la formule même de nos revendications :

« Considérant que la femme doit être l'égale de l'homme « dans la société et devant la loi; qu'elle paie les mêmes « impôts; qu'elle est soumise aux mêmes charges; que, dans « l'état actuel, la moitié de la nation française est exclue « du droit d'élire ses mandataires;

« Considérant que la France républicaine ne peut rester « inférieure aux pays monarchiques, sous le rapport des « libertés, et que les droits réclamés ne sont en partie « qu'une restitution;

« Emet le vœu suivant :

« Les Français et les Françaises sont égaux devant « la loi. »

Nous prions le Congrès d'émettre un vote sur cette résolution.

Le Congrès a adopté à l'unanimité le texte ci-dessus.

BANQUET

Un cordial banquet a terminé cette seconde journée. Trente-six convives y avaient pris place. Quoique les buveurs d'eau y fussent en bonne proportion, et que les autres fussent aussi des partisans pratiques de la tempérance, la gaieté et l'entrain n'ont pas manqué. Les toasts portés par M. Gaufrès, à l'efficacité de notre Ligue ; par M. Léopold Monod, à son fondateur, M. Fallot ; par M. de Grenier, à son drapeau, le *Relèvement Social ;* par M. Comte, à la femme, comme agent de moralisation, et beaucoup d'autres que nous passons à regret, ont indiqué qu'une véritable fraternité d'âmes s'établit non seulement entre nos ligueurs, mais entre la Ligue et les autres associations qui poursuivent le même but de moralisation et de justice.

LA
RÉGLEMENTATION OFFICIELLE
DE LA
PROSTITUTION

RAPPORT PRÉSENTÉ PAR M. COMTE

MESSIEURS,

Les organisateurs du premier Congrès de la Ligue française de la Moralité publique ont pensé que la question de la prostitution réglementée devait faire l'objet d'un rapport suivi d'une discussion. Cette question, en effet, a toujours été considérée par les Ligueurs comme la plus importante de notre programme, et si, pour raison de tactique, nous paraissons la reléguer au second plan, elle n'en reste pas moins, en réalité, le but lointain que nous nous proposons d'atteindre.

Fidèles à l'esprit des fondateurs de la Ligue, nous estimons que la famille basée sur l'égalité des droits et des devoirs des époux, sanctuaire où s'élaborent, sous l'action combinée du mari et de la femme, toutes les hautes vertus qui font les caractères fermes et droits, est la pierre angulaire de la civilisation, la cellule du corps social. Nous devons donc combattre toutes les institutions qui consacrent l'infériorité de la femme ; car la femme ne peut exercer une influence moralisatrice et remplir son rôle d'éducatrice, que dans la mesure où elle est regardée comme l'égale de l'homme. Or, parmi les institutions qui consacrent l'infériorité de la femme, qui subordonnent ses intérêts et ses droits à ceux de l'homme, mieux encore, qui la dégradent et l'avilissent, il en est deux contre lesquelles nous ne saurions nous élever avec assez de vigueur : nous voulons parler de la réglementation de la prostitution et de la police des mœurs, qui en est la conséquence.

Qu'on ne s'y méprenne pas : nous n'avons pas la naïveté de croire qu'il soit possible d'abolir la prostitution, pas plus, du reste, que le législateur et le juge n'ont la prétention de supprimer la criminalité ; nous avons plus simplement l'ambition de la restreindre. Et si cette épine est si profondément enracinée dans le corps social qu'il faille placer au rang des utopies l'espoir de l'extirper, on reconnaîtra, du moins, qu'il est du devoir d'un honnête homme, soucieux de l'avenir, de déployer tous ses efforts pour combattre l'inflammation qu'elle produit et en atténuer les conséquences. On nous permettra, surtout, de faire bonne justice de la théorie du vice nécessaire, ce sophisme inventé par l'égoïsme du mâle, qui fait de la prostitution un des rouages indispensables de la vie municipale.

En un sens, je regrette qu'on n'ait pas choisi un spécialiste comme rapporteur. Il aurait pu examiner, avec une compétence que je n'ai pas, le côté médical et hygiénique de la question ; mais outre que nous sommes encore de trop petites gens pour décider les princes de la science à nous prêter leur concours, ils sont rares — on en compte quelques-uns cependant, et non des moins connus, — les médecins qui partagent notre manière de voir en la matière.

Toutefois, en y réfléchissant, il est peut-être préférable qu'on se soit adressé à un profane. Débarrassé de tout préjugé professionnel, ne sera-t-il pas mieux placé pour traiter un sujet où domine, après tout, le côté moral et social ?

Sous le bénéfice de ces observations, j'entre en matière.

*
* *

Pour diverses raisons qu'il serait trop long d'énumérer, la satisfaction des besoins sexuels, chez l'homme, est en général plus pressante que chez la femme. Je ne justifie pas cette disposition physiologique qui, à mon avis, n'est pas naturelle et qu'il serait facile d'expliquer par un concours de circonstances qui n'ont rien d'honorable pour le sexe fort, je constate simplement un fait que personne aujourd'hui ne songe à contester. De ce fait, contre lequel il faudrait réagir, on est parti, au contraire, pour échafauder le système de la réglementation de la prostitution. Le raisonnement est très simple et très logique : L'homme a des besoins sexuels à satisfaire, la femme aussi, mais la femme peut, sans inconvénient, les laisser inassouvis, tandis que l'homme, s'il ne les satisfait pas, compromet fatalement sa santé et fait courir les plus grands risques à la conservation de l'espèce. Il devrait donc se marier dès l'âge nubile ; malheureusement, sa situation ne lui permet pas, à ce moment-là, d'entretenir une femme et les enfants qui naîtraient de cette union légale. Attendra-t-il jusqu'au jour où il sera en mesure de soutenir la famille qu'il se propose de créer, pour satisfaire ses besoins sexuels ? Nous l'avons dit, au point de vue de nos adversaires, une pareille abstinence n'est pas seulement impossible, elle est coupable. On ne se suicide pas. Il y a plus : l'homme marié peut se trouver dans la nécessité de rechercher des rapports avec une autre femme que la sienne. Le sexe faible, par le fait même de sa nature, traverse des périodes pendant lesquelles, soit par suite de maladies spécifiques, soit par suite de l'accomplissement des fonctions de gestation, tout rapport sexuel lui est interdit. Le mari ne peut pas garder la fidélité conjugale. On n'exige pas des sacrifices contre nature. Conclusion : il faut un certain nombre de femmes dont l'unique fonction sera précisément de permettre à l'homme, avant et, le cas échéant, pendant le mariage, d'assouvir ses passions.

Mais ces femmes exposent la société à deux graves dangers : elles deviennent, de par leur situation, des occasions de trouble et de scandale. Ne sont-elles pas obligées de mener une vie de luxe, de paresse, de se montrer, d'attirer les regards pour solliciter les clients? ne provoquent-elles pas ainsi à la débauche? Pire encore : ne risquent-elles pas de communiquer aux hommes qui recherchent leurs bonnes grâces, des maladies vénériennes? ne sont-elles pas ainsi des foyers d'infection? Qu'une de ces créatures soit atteinte de syphilis, elle contaminera plusieurs hommes qui, à leur tour, contamineront d'autres femmes et leurs propres femmes à eux; que dis-je? leurs mères, leurs filles, leurs sœurs, leurs pères, toutes les personnes avec lesquelles ils sont en relations journalières, puisqu'il suffit qu'un objet ayant servi à un syphilitique soit mis en contact avec une muqueuse lésée pour que la maladie se déclare. Et elle est terrible, cette maladie! Ce n'est rien moins que l'abâtardissement de l'espèce, le gâtisme qui peut en résulter, et qui en résulte en effet. « De toutes les maladies qui peuvent affecter l'espèce humaine par voie de contagion, dit Parent-Duchatelet, et qui portent à la société les plus grands préjudices, il n'en est pas de plus grave, de plus dangereuse et de plus à redouter que la syphilis... Ses ravages n'ont pas d'interruption ; elle frappe de préférence cette partie de la population qui, par son âge, fait la force aussi bien que la richesse des Etats... Enfin, l'innocence et la vertu la plus pure ne sont pas, dans nos sociétés modernes, à l'abri de ses atteintes. »

Alors, que faire ? D'un côté, le vice est nécessaire ; de l'autre côté, il porte avec lui une menace d'empoisonnement général. On a cherché un moyen de satisfaire ce vice et de réduire le danger à son minimum. Dans ce but, on a soumis à une surveillance rigoureuse le plus grand nombre possible de prostituées ; on les a inscrites d'office, ou sur leur demande, sur un registre ; on leur a délivré une carte leur permettant d'exercer leur métier de racolage dans certaines rues et à de certaines heures, et on les a obligées, sous peine d'amende, à se présenter tous les huit ou quinze jours à la visite d'un médecin désigné par l'administration municipale. Si le résultat de cette inspection prouve que la femme est indemne, le médecin met la lettre S sur sa carte, sinon il y met la lettre M, et la malheureuse est obligée d'entrer à l'hôpital. Cette catégorie de femmes galantes forme les femmes en carte. Elles jouissent d'une liberté relative. Je dis relative ; nous verrons dans la suite, en effet, qu'elles dépendent du bon plaisir des agents commis à leur surveillance.

A côté de ces femmes en carte, l'administration a institué une autre catégorie de prostituées ; ce sont les pensionnaires des maisons dites de tolérance. Celles-là sont groupées dans le même établissement, sous la haute direction d'une tenancière, rarement d'un tenancier. Elles sont à la disposition des visiteurs, moyennant une somme plus ou moins élevée, selon la catégorie de la maison. Quelques-uns de ces bouges — ils sont très rares — se payent le luxe d'un médecin particulier qui examine ces malheureuses en dehors de la visite réglementaire. En général, c'est le médecin préposé à l'inspection des femmes en carte qui passe dans ces établissements, quand les pensionnaires elles-mêmes, au grand scandale public, ne se rendent pas au bureau municipal, sous la direction de la tenancière, pour être examinées. S'il faut ajouter foi aux règlements qui concernent ces maisons, les jeunes gens mineurs ne doivent pas y être admis. Ajoutons que ces établissements, comme du reste l'inscription sur le registre de la police des mœurs, sont d'institution municipale. L'Etat n'intervient en aucune façon, sauf toutefois pour les taxer; car ils sont assimilés à des débits de boissons. J'appelle votre attention sur ce fait, d'une importance capitale : il dépend de la municipalité, et rien que de la municipalité, d'autoriser l'ouverture ou d'ordonner la fermeture de ces lupanars, et les industriels qui se livrent à cette vente de chair humaine sont avertis qu'on peut, du jour au lendemain, leur retirer ce privilége sans avoir à leur payer aucune indemnité.

***

Je veux bien, Messieurs, quoi qu'il m'en coûte, admettre le point de vue des partisans de la réglementation, accepter la théorie du vice nécessaire, la nécessité d'avoir des femmes spécialement destinées aux besoins physiologiques de l'homme. Reste à savoir si le système employé pour arrêter la prophylaxie des maladies vénériennes est le bon et si l'organisation officielle de la débauche n'augmente pas, au lieu de les diminuer, les cas de contamination ; si, comme le prétend Jeannel « la prostitution inscrite c'est le vice réfréné dans la mesure du possible, c'est la santé publique protégée. » (1). Il est bien entendu, Messieurs, qu'en traitant cette partie de mon sujet, je laisse la parole aux spécialistes.

(1) *De la Prostitution*, par le docteur Jeannel, p. 196.

Je remarque, en passant, qu'il n'y a, d'après les auteurs qui font autorité, que 20,000 femmes en carte ou en maison pour toute la France, contre 200,000 d'après les uns, 500,000 d'après les autres, prostituées libres, et je conclus, vous concluerez avec moi, que les municipalités manquent à leur devoir le plus élémentaire en n'enrégimentant pas toutes les femmes galantes. Car, enfin, s'il est vrai que la prostitution libre fait courir de si grands dangers à la santé publique, comment se contente-t-on de surveiller la dixième partie seulement des personnes qui s'y livrent? Dans ce fait, je vois déjà une présomption contre les bienfaits de la réglementation ; car si on était si sûr qu'on veut bien le dire de la nécessité sociale de cette institution; si on la croyait indispensable, il est inadmissible que les médecins et les maires, dont chacun connait le dévouement à la cause publique, ne se missent pas en campagne pour achever une œuvre à peine ébauchée. Ne serait-ce pas qu'ils ont des doutes sur l'efficacité de cette mesure?

Je reconnais cependant qu'on rencontre des partisans à outrance de la réglementation. Ecoutons leur raisonnement. Il est la condamnation de l'état de choses actuel et, par ce fait, comme vous le verrez, la condamnation de la réglementation elle-même.

Ces messieurs commencent par déclarer que le système actuel n'est qu'une demi-mesure et qu'il est impuissant à garantir la santé des clients qui fréquentent les maisons de tolérance ou qui réclament les faveurs des femmes en carte. Ils constatent, en effet, que les affections vénériennes ne paraissent pas diminuer. C'est le docteur Mireur, ex-médecin inspecteur du dispensaire de salubrité publique de Marseille, qui le déclare textuellement dans son ouvrage classique, *La Syphilis et la Prostitution* : « Tandis que la progression, dit-il, toujours croissante des maladies vénériennes dans toutes les classes de la société, constitue un danger réel pour l'espèce humaine, les mesures sanitaires, celles surtout qui régissent la prostitution, sont absolument insuffisantes. » (1). C'est le docteur Jeannel, ex-médecin en chef du dispensaire de salubrité de Bordeaux, qui renchérit, si possible, sur son collègue de Marseille : « Les hôpitaux de vénériens, écrit-il, toujours peuplés, ne prouvent que trop l'insuffisance des mesures prophylactiques actuellement usitées. Il faut même reconnaître que si les règlements de Paris, de Bordeaux, de Bruxelles, ont été démontrés les meilleurs par la statistique des vénériens militaires, cette statistique a fait voir aussi qu'ils bornent leur influence à réduire dans une certaine mesure le nombre des sujets contaminés, sans jamais approcher de l'extinction de la contagion vénérienne, et sans la faire même espérer. » (2). C'est le docteur Diday, ancien médecin du dispensaire de Lyon, qui, dans son ouvrage, *Nouveau système d'assainissement de la Prostitution*, écrit : « L'extinction des maladies vénériennes jadis entrevue, annoncée même comme un fait réalisable à courte échéance, n'a pas avancé d'un seul pas. Malgré les progrès accomplis par la pathologie et la thérapeutique spéciales, malgré le perfectionnement de la police sanitaire, le nombre des maladies vénériennes ne diminue point et leur quantité demeure sensiblement la même. » (3). Et plus loin, il ajoute : « Malgré la fréquence croissante des visites, les exemples de contagion ont-ils diminué d'une façon quelque peu sensible ? Non. Tous les jours, je vois encore des malheureux infectés dans des maisons de premier ordre, dans des maisons qui, outre la visite officielle, se payent le luxe d'un médecin attaché à l'établissement. Un usage populaire vient, à point, me donner cent fois

(1) *La Syphilis et la Prostitution*, p. 3.

(2) *De la Prostitution*, p. 341.

(3) *Nouveau système d'assainissement de la Prostitution*, p. 1.

raison. Conduits par un raisonnement très plausible à leurs yeux, beaucoup de gens se tiennent aux aguets pour saisir, au sortir du dispensaire, la fille qui vient de subir la visite. Eh bien, il n'est point rare d'observer des contaminations, et des plus graves, s'opérant à la suite de ces unions garanties cependant, en quelque sorte, par l'autorité administrative. » Et le docteur Guilley, un Belge, conclut dans le même sens, que loin de produire les résultats qu'on en attendait, la réglementation peut donner lieu à de graves abus et à une sécurité fallacieuse. C'est, enfin, Lecour, l'homme le mieux au courant des choses de la prostitution, qui reconnait « que l'administration ne peut satisfaire les exigences exclusives de la science médicale» et que la prostitution s'augmente et devient plus dangereuse pour la santé publique ; et, comme si cette déclaration ne suffisait pas, il ajoute ailleurs : « La pratique a démontré que les habitudes des filles isolées et l'indépendance relative dont elles jouissent, par comparaison avec la situation des filles de maisons de tolérance, les préservent des rapports dangereux au point de vue sanitaire. »

Mais n'en concluez pas que dans la pensée des partisans de la réglementation les filles isolées font courir moins de danger que les femmes internées dans les maisons. Mireur soutient le contraire et cela avec une logique, un bon sens qui réduisent à sa juste valeur l'argumentation de Lecour. Faisant allusion à Marseille, où l'on compte 200 femmes inscrites sur 5,000 prostituées clandestines, il dit : « Les 200 femmes inscrites ne laissent-elles pas supposer que toute la prostitution est soumise à une visite générale?... Or, 200 femmes visitées sur 5,000 qui se livrent à la prostitution, ce n'est pas seulement une garantie illusoire, c'est une formalité dangereuse, je le répète, par la fausse sécurité qu'elle inspire. Mon opinion est formelle, il ne faut pas les rendre passibles de la réglementation administrative et ne leur imposer en aucun cas la visite sanitaire.

Ainsi, ceux qui les fréquentent sauront d'avance à quoi ils s'exposent ; ils sauront qu'en s'adressant à cette catégorie de femmes, ils ne doivent s'attendre à rencontrer aucune garantie hygiénique. » (1). Pour conclure, qu'il nous soit permis de citer l'opinion de l'honnête et consciencieux Parent-Duchatelet : « Au premier aperçu, tout semblerait faire croire que les filles qui appartiennent aux dames de maison étant en général mieux choisies, plus surveillées, plus souvent et plus attentivement visitées, devraient présenter plus de garanties que le reste de cette population; cependant, nous observons tout le contraire : ce qui s'explique aisément par la connaissance des mœurs et des habitudes particulières à ces femmes dans les différentes positions où elles se trouvent. Quant au commerce des filles isolées, comme elles sont chez elles et maîtresses de leurs chambres, elles n'admettent que ceux qui leur conviennent..., et comme tout ce qu'elles gagnent leur appartient, elles voient moins de monde et diminuent les chances d'infection.

« Par opposition, les filles des maisons publiques sont obligées de s'abandonner au premier venu qui les réclame, fût-il couvert des plus dégoûtants ulcères ; il n'y a pas à reculer, si elles veulent éviter les coups et les plus affreux traitements. Les dames de maison ne leur donnent pas de repos; car, pour me servir d'une comparaison qu'on souvent employée devant moi les inspecteurs de l'administration, le charretier le plus grossier et l'entrepreneur de roulage le plus rapace, ménagent plus leurs chevaux qui ne leur appartiennent pas, que les dames de maison ne ménagent les femmes dont elles se servent pour arriver à la fortune. »

Et, du reste, il ne faut pas être grand clerc en la matière pour comprendre combien sont vaines les garanties offer-

(1) *La Syphilis et la Prostitution*, p. 360-361.

tes, dans l'état de choses actuel, par la réglementation à ceux qui fréquentent les maisons de tolérance et les filles inscrites. Vous les avez déjà saisies par les citations que je viens de faire des principaux spécialistes : la fille en carte, comme la femme de maisons, offrent une sécurité trompeuse; en outre, elles sont trop nombreuses pour être visitées d'une façon sérieuse. Il faudrait, paraît-il, 20 minutes pour un examen complet, et le médecin dispose à peine d'une heure pour en visiter 30 ou 40; notez encore que l'usage du spéculum est très dangereux, cet instrument, s'il n'est pas soigneusement nettoyé, pouvant servir de véhicule aux germes de la maladie. Le docteur Dron, dans un rapport présenté tout récemment à la 5e session de la Société française de dermathologie et de syphiligraphie, est très catégorique sur l'inefficacité de la visite médicale. D'après le compte-rendu de son rapport, compte-rendu que nous avon tout lieu de croire fidèle, puisqu'il a paru dans la *Semaine médicale* « la syphilis n'est guère à craindre que dans la période secondaire; les accidents tertiaires ne sont pas contagieux et, en outre, ils sont assez apparents pour rendre la prostitution impossible à la femme qui en est atteinte. Mais pendant cette période secondaire, les accidents les plus virulents et les moins visibles peuvent apparaître du jour au lendemain et rendre la visite médicale illusoire. La seule mesure efficace serait de séquestrer toute prostituée pendant trois ans, à partir du début de sa syphilis ». (1).

Ainsi, la réglementation, telle qu'elle a été pratiquée jusqu'ici, a fait ses preuves, et ces preuves sont convaincantes : les résultats obtenus sont négatifs. Ne vous hâtez pas de croire, cependant, que ses partisans déposent les armes et se hâtent de demander la suppression d'une

(1) *Semaine medicale*, 8 août 1894.

mesure que les faits condamnent. Point du tout : ils réclament, au contraire, une sévérité plus rigoureuse, une réglementation plus énergique. Le système est mauvais, disent-ils, parce qu'on ne l'applique pas sérieusement et qu'on ne le pratique que très partiellement. Mais redoublons de vigilance, multiplions les maisons de tolérance, augmentons le nombre des médecins inspecteurs, doublons leurs appointements pour avoir des hommes compétents et nous enrayerons la marche du fléau que nous voulons combattre.

En vérité, un pareil raisonnement a lieu de nous surprendre. On avoue que la réglementation appliquée à 20.000 femmes environ a produit ce qu'on en attendait, précisément parce qu'il était impossible de l'appliquer d'une façon sérieuse et l'on espère pouvoir l'appliquer avec chance de succès à 200.000 personnes. C'est le monde renversé : qui ne peut pas le moins peut le plus...

Nous préférons, quant à nous, nous ranger de l'avis du docteur Augagneur : « J'ai autrefois, a déclaré ce savant praticien, il y a un mois et demi, j'ai autrefois soutenu la doctrine de la réglementation, mais j'ai bien changé depuis. La surveillance de la police telle qu'elle est faite actuellement, ne peut rien contre la blennorrhagie, et elle est impuissante contre la syphilis. Or, il est impossible de l'aggraver, car il faut bien tenir compte de l'opinion publique, qui est actuellement très hostile à la réglementation et très favorable à la liberté de la prostitution. La répression est, du reste, injuste ; elle n'atteint que la femme, tandis que l'homme reste libre de disséminer la syphilis. Les maisons fermées disparaissent, les prostituées inscrites diminuent partout, la prostitution clandestine augmente. Le moment est donc venu de changer de méthode, puisque les anciens procédés sont impuissants. » (1).

Peut-être que le bon sens seul devrait suffire pour nous

(1) *Semaine médicale*, 8 août 1894.

engager à changer de méthode et à soumettre simplement les prostituées au régime du droit commun. Ne paraît-il pas évident que la femme visitée peut se croire indemne, compter sur le médecin pour l'avertir, et négliger les principes les plus élémentaires de l'hygiène ? ne prendre aucune précaution pour prévenir la terrible maladie et pour se livrer au premier venu? Au contraire, la prostituée libre est tenue à un soin extrême de sa personne. Si elle est malade, son intérêt bien entendu lui commande une prudente retraite, surtout dans les villes de moyenne grandeur, où elle serait aussitôt signalée dans le monde de la débauche comme contaminée et dès lors soumise à une quarantaine. Elle préfère s'imposer volontairement cette quarantaine, et dans tous les cas, si elle continue son triste métier, elle ne communiquera pas son mal à un aussi grand nombre que la prostituée réglementée, puisque cette dernière peut, dans une *seule* soirée, contaminer six ou sept clients. La première, au contraire, ne voyant qu'un nombre relativement restreint d'amants de passage, sera un foyer d'infection bien moins actif, d'autant plus qu'elle peut refuser les caresses du monsieur qu'elle croit suspect.

Les faits sont là pour confirmer les indications du bon sens. Nous savons, à n'en pas douter, que dans les pays où la prostitution n'est pas réglementée, les cas de syphilis sont peut-être plus rares que dans les Etats qui ont le privilège peu enviable de posséder cette institution fangeuse, et nous ne pensons pas, en tout cas, qu'on puisse regarder les Anglais et les Américains du Nord comme une race en train de s'abâtardir. Plusieurs cités importantes de la Suisse ont aboli la réglementation : Berne, Neuchâtel, la Chaux-de-Fonds ; Glascow en Angleterre, Colmar en Alsace, ont agi de même. Les administrations de ces villes se félicitent de leur détermination.

Vous me permettrez de vous donner connaissance d'une lettre que M. Schlumberger, maire de Colmar, a adressée, il y a un an, au Comité abolitionniste de Genève. La lettre est longue, mais elle constitue une pièce si importante du dossier, que vous m'en voudriez de la passer sous silence :

Monsieur le Président,

En réponse à votre lettre du 6 mai courant, j'ai l'honneur de vous communiquer les documents ci-joints, savoir :

1° Un tableau des maladies spéciales survenues dans la garnison de Colmar de 1876 à 1892, dressé par M. le Dr Fritz, médecin en chef de la garnison ;

2° Un tableau des maladies spéciales traitées à l'hospice civil de Colmar de 1876 à 1892 ;

3° Un rapport du commissaire de police de Colmar, concernant la situation de cette ville au point de vue de la prostitution ;

4° Un rapport du maire de Colmar au Conseil municipal, concernant la situation hygiénique et morale de la ville au point de vue spécial de la prostitution ;

5° Un tableau des naissances illégitimes constatées à Colmar dans le cours des vingt dernières années.

De tous ces documents *officiels,* il ressort clairement que la suppression des maisons de tolérance, qui a eu lieu en 1881, c'est-à-dire depuis douze ans, n'a eu aucune conséquence fâcheuse, mais qu'au contraire, les résultats de cette mesure ont été favorables *à tous les points de vue.*

Il est vrai que bien des personnes, les unes obéissant à des motifs intéressés et peu flatteurs pour elles, les autres par ignorance ou légèreté, ont prétendu et répandu le bruit que la situation de Colmar, au point de vue de la santé publique et de la morale, est devenue plus mauvaise depuis la fermeture des maisons de tolérance.

Dans ces derniers temps surtout, les partisans de ces maisons se sont efforcés de propager ces bruits au dehors, notamment à Mulhouse, où la question de la suppression des maisons de tolérance est actuellement à l'ordre du jour.

Pour donner à ces affirmations qui sont accueillies par des personnes honorables et bien intentionnées, leur véritable portée, je dois faire remarquer que la moralité à Colmar laisse certainement beaucoup à désirer; mais n'est-ce pas ainsi un peu partout, et ne voyons-nous pas, surtout dans les villes, le niveau moral s'abaisser d'année en année ?

Dans certains milieux, où l'on ne considère les choses que superficiellement et où l'on a oublié le passé, on est disposé à mettre au compte des mesures prises par la municipalité toutes les manifestations du vice.

En fermant les maisons de débauche, nous n'avons pas eu la prétention ridicule de supprimer le vice. Aujourd'hui comme jadis et comme partout, il y a ici encore bien des filles et des femmes qui font métier de prostitution, il se produit encore certains scandales qui provoquent les plaintes des habitants et que l'on est obligé de réprimer.

Je répète encore une fois qu'en ce qui concerne les maladies spéciales, la tranquillité et la décence plubliques, la situation de notre ville n'est pas plus mauvaise que du temps des maisons de tolérance, et qu'elle est, sans conteste, meilleure que dans d'autres villes, telles que Mulhouse, Metz et Strasbourg, où les maisons de débauche sont encore tolérées.

La vérité de ces affirmations est mise en pleine lumière lorsqu'on se reporte aux temps du régime français, à une époque où florissait, dans toute sa force, le régime des maisons publiques et des filles en carte, et où la prostitution était l'objet du contrôle le plus actif et le plus rigoureux.

La situation morale et hygiénique était alors absolument détestable et faisait le désespoir des administrateurs de ce temps-là.

Tous les documents administratifs que j'ai eus sous les yeux en font foi.

Voici notamment, et je prends au hasard, une lettre du général commandant la subdivision de Colmar, datée du 18 mars 1856 :

Monsieur le Maire,

J'ai l'honneur de porter à votre connaissance les *ravages* occasionnés par les maladies spéciales dans les troupes de la garnison de Colmar.

Depuis quelques mois, le nombre de ces maladies *a augmenté d'une manière inquiétante,* et il serait urgent de chercher à mettre un terme à un pareil état de choses.

Quarante-cinq militaires (à cette époque la garnison était beaucoup moins forte qu'aujourd'hui), *quarante-cinq militaires* sont en traitement à l'hôpital pour des maladies spéciales et sont atteints *presque tous d'une manière très grave; quarante-deux d'entre eux* déclarent avoir contracté ces affections dans les maisons de tolérance de la ville. Il y a donc lieu de supposer que le service de surveillance des filles publiques laisse beaucoup à désirer.

Voilà un langage non équivoque; évidemment la police des mœurs s'endort et manque à tous ses devoirs! Détrompez-vous.

Voici la réponse du maire :

Monsieur le Général,

Toutes les filles publiques sont soumises à l'inscription. La police tient un état nominatif de toutes celles qui se trouvent dans les établissements de tolérance. *Elles sont régulièrement visitées.*

La police exerce une *surveillance sévère* sur les maisons publiques; cette surveillance *s'étend avec la même activité sur les filles libres* qui s'adonnent à la prostitution, etc., etc.

Il me semble ressortir de cette correspondance :

1° Que les maisons de tolérance étaient alors de véritables foyers d'infections ;

2° Que les mesures de police les plus rigoureuses sont impuissantes à combattre les déplorables effets de cette institution.

A ceux qui soutiendraient encore que la situation est plus mauvaise aujourd'hui, je recommande de mettre en regard de la correspondance de l'autorité militaire que je viens de citer, les déclarations que M. le Dr Fritz, actuellement médecin en chef de la garnison de Colmar, a consignées dans un rapport en date du 17 novembre 1890, où il dit que, *dans l'état actuel de la prostitution, le chiffre des maladies spéciales dans la garnison de Colmar est considérablement moindre qu'autrefois, et que cette diminution coïncide incontestablement avec la suppression des maisons de tolérance.*

En ce qui concerne la tranquillité et la décence de la voie publique à Colmar, je puis affirmer en invoquant la connaissance personnelle que j'ai acquise par un séjour de près de trente ans à Colmar, que du temps des maisons de tolérance il y avait certainement autant pour ne pas dire plus de prostituées des rues *(Strassen-Dirnen)* qu'aujourd'hui. Sous ce rapport, je m'en. réfère encore aux actes de la mairie, où je trouve, à chaque pas, les instructions réitérées adressées par mes prédécesseurs au chef de police, pour lui signaler les scandales occasionnés, sur la voie publique, par les prostituées, *scandales qui ne permettent plus à une personne honnête de fréquenter nos promenades.*

Ce sont précisément ces tristes expériences du passé qui m'ont encouragé à rompre avec un régime dont l'efficacité me paraissait tout au moins très douteuse. Cet essai, qui a paru alors à bien des personnes et à moi-même, je l'avoue, un peu risqué, a réussi au-delà de toute attente.

Les résultats de ces mesures eussent été certainement encore meilleurs, si de divers côtés, et dans des régions qui n'étaient pas sans influence, je n'avais pas rencontré une résistance plus ou moins ouverte, et si la loi elle-même, qui condamne, il est vrai, les maisons de tolérance, mais qui maintient le régime des filles en carte et l'arbitraire de la police en matière de prostitution, n'avait pas singulièrement entravé nos efforts.

La prostitution à l'état de métier doit, selon moi, être réprimée énergiquement chaque fois que ses manifestations entravent la liberté d'autrui et portent atteinte à la sécurité, à la tranquillité et à la décence publiques.

Si les tribunaux voulaient, dans cette direction, prêter leur assistance à l'administration des villes par une juste sévérité, les heureux résultats ne se feraient pas attendre et on arriverait ainsi, non pas sans doute à faire disparaître la prostitution de ce monde, mais à en atténuer, dans une large mesure, les funestes conséquences, en même temps qu'on rentrerait dans la légalité.

Comme l'a dit l'éminent professeur E. de Laveleye, il faut faire des lois non pas *pour* mais *contre* la prostitution.

Ce serait pour moi, Monsieur le Président, une bien grande satisfaction si les documents que j'ai eu l'honneur de vous adresser pouvaient contribuer un peu au succès de la noble cause que vous avez prise en main.

Veuillez agréer, etc.

C. SCHLUMBERGER,
Maire de Colmar.

Si vous avez bien suivi la lecture de cette lettre, vous aurez pu en tirer non seulement la conclusion que l'absence de maisons de tolérance ne fait courir aucun danger à la santé publique, mais aussi aucun danger à la moralité publique. Car c'est là un des arguments que nos adversaires aiment à faire valoir : d'après eux, le meilleur moyen d'éviter tout scandale, les attentats à la pudeur, les séductions, c'est de parquer, de jeter hors de l'humanité les malheureuses qui font métier de vendre leur corps, et de les enrégimenter à la façon d'un bataillon de chasseurs alpins.

Jamais préjugé aussi antipsychologique que celui-là n'a pris racine dans des esprits façonnés à la romaine et hypnotisés par les bienfaits plus que problématiques d'une savante et tyrannique administration. Il importe d'en faire bonne justice.

*
* *

Sur ce terrain, je l'avoue, je me sens plus à l'aise que sur le terrain médical. Il ne s'agit pas ici de faire montre de savoir, mais simplement d'observation, de me souvenir des confidences qui m'ont été faites et d'en appeler à l'expérience de ceux qui, par devoir professionnel ou par dévouement, sont obligés de se tenir au courant des choses de la prostitution.

Une première observation s'impose : le nombre des femmes dans les maisons de tolérance et en carte est si restreint, qu'on ne voit pas trop bien en quoi ni comment le fait qu'elles seraient libres pourrait augmenter le scandale que produit la prostitution en public. On n'a qu'à passer l'après-midi dans les principales artères de nos villes, et le soir sur les boulevards de Paris ou dans les rues de Lyon, pour se rendre compte qu'il serait difficile à la débauche de s'afficher avec plus d'insolence et, en vérité, si l'on compte, en retenant cette goutte d'eau, empêcher le verre de verser, on prend des précautions bien inutiles; il y a longtemps que la coupe déborde. Quant à la croyance que la prostitution réglementée est un dérivatif contre les attentats à la pudeur, elle ne repose sur aucun fondement. Tous les hommes qui se sont occupés de cette question savent, au contraire, que les maisons de tolérance sont les écoles officielles du vice; que les jeunes gens, les enfants y sont attirés et initiés aux pires habitudes. M. Fallot a dit avec raison: « Qu'elles forment à une débauche prématurée ceux qui auraient pu échapper au désordre; on y cultive le vice en serre chaude; de plus, elles deviennent pour l'homme vicieux une excitation aux débordements contre-nature. » Le docteur Ladame exprime la même opinion dans sa remarquable brochure « *La Prostitution dans ses rapports avec l'alcoolisme, le crime, la folie.* » « C'est là, dit-il, que les jeunes gens vont faire l'apprentissage des plus tristes et des plus répugnantes aberrations des sens qui empoisonneront tout le reste de leur existence et ne les conduiront que trop souvent à la folie et à une mort prématurée. » Et plus loin, il ajoute: « La seule présence des maisons de tolérance autorisées dans une ville est un ferment de corruption sans cesse en activité, une invitation permanente à la débauche, et ceux qui ont rêvé d'obtenir la localisation du mal par cette tolérance se sont bercés d'une dangereuse illusion. Ce qui le prouve d'une manière absolue, c'est que, malgré toutes les mesures de police qui ont été prises, les viols et les attentats à la pudeur commis sur des enfants ont augmenté depuis cinquante ans d'une façon rapide et effrayante. » Et s'il nous fallait une autre preuve pour montrer que l'organisation de la prostitution inscrite développe la prostitution libre, je vous citerais une page remarquable du docteur A. Desprès: « Les départements les plus fournis en prostituées inscrites ont une prostitution libre qui varie le plus souvent en proportion de la prostitution inscrite; la prostitution libre suit la prostitution inscrite, à laquelle elle fait concurrence.

« La Seine, la Gironde, le Rhône, la Seine-Inférieure, qui ont le plus de prostituées inscrites, ont aussi le plus de prostitution libre, et même ces départements sont encore ceux où il y a le plus d'arrestations.

« La Vendée, le Lot, le Cantal, l'Indre et la Savoie, qui ont le moins de prostitution inscrite, ont aussi moins de filles libres et moins d'arrestations.

« Les départements qui occupent un rang moyen dans la prostitution inscrite, tels que la Meuse, le Morbihan et la Charente, occupent un rang moyen pour la prostitution libre et les arrestations. » (1).

Et le docteur Desprès conclut : « Plus il y a de prostitution réglementée dans un pays, plus la prostitution de toute nature se développe. » (2). Le fait est incontestable pour les villes de province. Après tous les dîners de corps ou les soirées passées en groupe, les jeunes gens vont faire un tour dans les maisons de tolérance, et tels qui n'auraient jamais eu peut-être l'occasion de tomber, ont connu pour la première fois dans ces bouges les plaisirs frelatés de la débauche. Les paysans, principalement, sont hantés par le désir d'aller dans ces maisons. Je me rappelle que dans mon village, chaque année, à l'époque des vendanges, des jeunes gens descendent du côté de Nîmes pour faire la saison des raisins. Les anciens se croient obligés de conduire les nouveaux dans des lupanars de dixième ordre et de les initier à la vie galante. On n'ose pas, au début, accoster une femme de la rue quand on a 15 ou 16 ans, mais on n'hésite pas à suivre ses camarades dans les établissements où des rabatteurs, du reste, les y poussent. Car ce n'est un secret pour personne que les tenancières de ces maisons

(1) *La Prostitution en France*, par le docteur A. Desprès, p. 11.

(2) *La Prostitution en France*, par le docteur A. Desprès, p. 123.

font procéder à un vrai racolage dans les villes par le moyen de jeunes gens auxquels on réserve certaines faveurs.

Et pourquoi s'abstiendrait-on de satisfaire ses besoins sexuels avant le mariage ? Pourquoi serait-on retenu par la crainte d'abuser de la femme sans accepter les responsabilités qui en découlent ? L'administration, en créant ces maisons et en les surveillant, ne montre-t-elle pas la légitimité d'une pareille conduite ? Ne semble-t-elle pas dire et ne dit-elle pas, en effet, à l'homme : « Ne te gêne pas, chasse tes scrupules. Je ne puis pas consacrer une injustice et une infamie ; si je tolère ces établissements, c'est qu'ils répondent à un besoin ; ne craint pas d'en user. Si la crainte seule de contracter une mauvaise maladie te retenait, tranquillise-toi : j'ai pris toutes les mesures pour que ta santé n'ait aucun risque à courir. » Et l'homme n'est que trop enclin à interpréter de cette façon l'attitude de l'administration. « Il n'y a pas de mal à cela, dit-il, puisque la loi le tolère » ; et voilà les municipalités de nos grandes villes qui peuvent être accusées de favoriser la débauche, d'exciter les jeunes gens à la luxure, de faciliter les attentats à la pudeur. Elles devraient tomber sous le coup de l'article 334 du Code pénal dont je tiens à citer le premier paragraphe :

« Quiconque aura attenté aux mœurs, en excitant, favorisant ou facilitant habituellement la débauche ou la corruption de la jeunesse de l'un ou l'autre sexe au-dessous de l'âge de vingt-un ans, sera puni d'un emprisonnement de six mois à deux ans, et d'une amende de cinquante à cinq cents francs. »

M. Fallot a écrit, à ce sujet, une page magistrale que je veux citer en entier avant de passer à un autre ordre d'idées :

« La maison de débauche surveillée et assainie par l'administration, c'est l'homme autorisé à croire que quoi qu'il fasse, il n'en résultera pour lui aucun inconvénient ; c'est la société s'interposant entre l'homme et ses actes, pour dégager l'homme de toute responsabilité. Le vice risque toujours de faire du bruit, parce que, après tout, le vice c'est le désordre, et que le désordre implique amertume, haine, récriminations de toute nature. « Tu souhaites le vice qui ne fait pas de bruit ? Viens ici, jeune homme, viens ici, homme marié, viens ici, vieillard. Discrétion et sécurité. Et qui donc parlerait ? Le tenancier ? la police seule connait ses secrets. La pauvre créature, cette chose dont tu abuses, sans même qu'elle ait le droit de savoir ton nom, si elle s'en avisait, d'un mot on la ferait taire. Tu redoutes la maladie ? crainte chimérique ! Le dispensaire, les médecins, les spécialistes les plus compétents travaillent à ton service. Viens donc en toute liberté, jeune homme ; ne tremble pas, vieillard. L'administration veille; salissez-vous sans inquiétude. Ici, l'on échappe à la responsabilité de ses actes. Ici, l'on entre dans la fange pour en ressortir, la tête haute, avec son crédit moral intact et sa santé indemne. » (1). Que si vous vous méfiez de M. Fallot, dont l'opinion vous paraîtra peut-être exagérée à cause de la haine à mort qu'il a vouée à l'organisation officielle de la débauche, j'attirerai votre attention sur cette appréciation portée par le docteur Mireur, qu'on ne saurait accuser de partialité : « D'après la réglementation actuelle, l'administration elle-même se rend pour ainsi dire complice de l'atteinte portée par la prostitution à la morale publique. La carte d'inscription qu'elle délivre aux prostituées isolées, garantie absolument illusoire au point de vue hygiénique, n'est, au point de vue moral, qu'une sorte d'autorisation accordée à la débauche. » Et Parent-Duchatelet n'a-t-il pas dit : « C'est une école de scandale où des enfants à peine formés viennent faire apprentissage de la prostitution. »

(1) *De la Réglementation de la Prostitution*, par T. Fallot, p. 36.

Vous le voyez, tous les arguments invoqués en faveur de la réglementation se tournent contre elle. J'espère donc n'avoir pas de peine à porter la conviction dans vos esprits en abordant une série d'objections d'un ordre, à mon avis, supérieur.

***

La réglementation de la prostitution exige un personnel nombreux chargé de veiller à l'observation des règlements : c'est la police des mœurs. Or, j'affirme que ces agents sont autant de pourvoyeurs du vice, des souteneurs, dans tous les cas, avec la meilleure intention du monde, des instruments de corruption. Il faudrait, pour que ces agents subalternes remplissent leurs fonctions avec conscience, des hommes d'une instruction, d'une éducation, d'un tact tout à fait supérieurs. Il les faudrait réfractaires à toutes les tentations au milieu desquelles ils vivent, inaccessibles à la corruption : une conscience d'acier dans un corps de marbre. J'ignore si le service des mœurs compte beaucoup de ces fonctionnaires ; mais depuis Jeannel jusqu'à Mireur, tous ceux qui se sont occupés de ces répugnantes matières sont unanimes à reconnaître que le personnel de la police des mœurs n'offre aucune garantie. Un fait vous en convaincra : il est d'usage, à Paris, quand un agent a démérité, de l'envoyer dans la brigade des mœurs (1). Je ne puis mieux faire, pour vous donner une idée de la valeur morale de ce personnel, que de reproduire l'opinion des spécialistes. J'extrais des Actes du Congrès de La Haye (2) les lignes suivantes : « Les agents des

(1) *La Prostitution*, par Yves Guyot, p. 105.

(2) *Actes du Congrès de La Haye*, p. 138.

mœurs opèrent quelquefois directement pour le compte des tenancières. Ainsi, à Montpellier, en 1878, le Conseil municipal a révoqué un inspecteur qui accostait les jeunes filles à leur sortie de l'hôpital et les faisait disparaître : on sut plus tard qu'elles étaient expédiées à des maîtresses de maisons de la région. En 1880, le procès de la proxénète A..., de Marseille, montrait qu'elle n'avait pas de plus actif collaborateur dans son métier que le sieur Quintard, inspecteur des mœurs. » Jeannel, de son côté, est très catégorique ; d'après lui, « les inspecteurs font le courtage, indiquent aux débauchés la demeure de certaines filles et profitent de leurs fonctions pour se livrer au plus dangereux proxénétisme. » (1). Mireur ne parle pas autrement. « L'expérience du passé nous a fait voir en moins de dix ans, et dans une ville qu'il nous serait facile de désigner, deux de ces fonctionnaires, inspecteurs des mœurs, révoqués pour cause d'indignité !... Avant d'avoir été reconnus indignes, de quels abus, de quelles exactions, de quels crimes, peut-être, ne s'étaient-ils pas rendus coupables ? » (2). N'oubliez jamais, Messieurs, que Mireur a été attaché au bureau des mœurs de Marseille et qu'il est partisan de la réglementation. Si vous voulez entendre la même note, écoutez le docteur Fiaux dans son rapport au Conseil municipal (3) : « Jeune, vigoureux, presque toujours buveur, il se trouve jeté dans un milieu de plaisirs ; il patauge, jour et nuit, du salon de la maison de débauche à la chambre isolée ; les femmes matrones et isolées vont en faire l'objet de leurs sollicitations, de leurs offres d'argent et autres pour atténuer sa sévérité. » « Qu'on juge, conclut le docteur Fiaux, de l'influence d'une telle atmosphère sur ce malheureux, qui est irresponsable et tout-

(1) *De la Prostitution,* par Jeannel, p. 317.

(2) *La Syphilis et la Prostitution,* par Mireur, p. 148.

(3) *La Syphilis et la Prostitution,* par Mireur, p. 14.

puissant. » Tout récemment, M. Hirsch, rédacteur au *Matin*, déposant devant la commission du Sénat chargée d'étudier le projet de loi Bérenger, a donné sur les mœurs des agents... qui n'en ont pas, des détails qui nous révèlent l'état d'âme de ces fonctionnaires :

« Pour ne nous occuper que de Paris, parcourez nos « boulevards — les grands boulevards comme les boule- « vards extérieurs. — Partout, vous verrez les agents des « mœurs, ou flirtant avec les filles qu'ils ont charge de « surveiller, ou les traquant avec la dernière férocité.

« D'où vient cette différence de traitement ? De ce que « les unes sont « soumises » — c'est le terme technique — « et de ce que les autres ne le sont pas ? Erreur. Voici ce « que m'a appris une enquête qui défie la contradiction :

« Les filles qui consentent à donner aux agents le cou- « vert, le gîte et... le reste, sont protégées, qu'elles soient « inscrites ou non. Les filles qui cherchent à se soustraire « à ces exigences sont molestées, « raflées », emprisonnées. « De sorte que l'une d'elle n'était que trop dans le vrai « quand elle disait : « Pour faire tranquillement notre « commerce, il nous faut, à côté du souteneur que nous « aimons, subir le souteneur que nous haïssons, mais dont « nous avons peur. »

« Et c'est à de tels hommes que vous voulez donner une « investiture nouvelle et livrer plus longtemps de pauvres « créatures qui, si coupables qu'elles puissent être, sont « encore bien plus malheureuses ! Si celles-ci, malgré tout, « ne vous paraissent pas intéressantes, rappelez-vous « qu'elles ne sont pas les seules à souffrir des agents des « mœurs. L'histoire est d'hier et elle est de tous les jours : « la jeune fille, la femme honnête traînée au poste, insul- « tée, outragée par les agents, salie par les pires contacts, « dénigrée par les insinuations ou les imputations malveil- « lantes des rapports de la préfecture de police. Justice lui « est rendue plus tard ? Qu'importe ! si sa réputation n'est

« pas dix fois assise, elle ne se relèvera plus complètement
« dans l'opinion.

« Discrédité — et justement discrédité comme il l'est —
« le service des mœurs ne se recrute plus que parmi lés
« individualités les plus douteuses.

« La fonction avilit l'homme, et les natures les mieux
« trempées ne résisteraient pas à une telle besogne. Cette
« besogne est contre le droit, contre la dignité, contre
« l'honneur et la pudeur ; elle rabaisse, ravale, flétrit tous
« ceux qui consentent à la faire. »

Eh bien ! c'est à ces gens-là qu'est confiée la surveillance du personnel de la prostitution, et ce sont ces gens-là qui, disposant d'un pouvoir discrétionnaire, peuvent arrêter dans la rue une femme honnête et la conduire au poste comme une créature. Ai-je besoin de vous citer des exemples ? Les méprises de cette nature sont si nombreuses que vous n'avez qu'à parcourir les faits-divers de votre journal pour être fixés. Je vous rappelle la dernière :

Vous avez tous présente à l'esprit l'affaire Lymarie, qui a passionné la presse il y a quelques mois : je n'en dirai rien. Mais Paris n'a pas la spécialité de ces méprises, malheureusement. La province n'a rien, sous ce rapport, à envier à la capitale. A la même époque environ où se passait l'affaire Lymarie, un drame se déroulait à Marseille, mais le dénouement en était plus tragique. Si vous pouvez en écouter le récit sans frémir d'indignation contre ces êtres immondes qu'on décore par euphémisme du titre d'agent des mœurs, je vous plains :

« Une jeune modiste de dix-neuf ans s'est suicidée, hier, dans sa chambre, à l'aide d'un réchaud de charbon, en laissant sur sa table de nuit un billet ainsi conçu : *Je meurs par la faute de la police.*

« La malheureuse avait été arrêtée, ces jours derniers, sous prétexte de racolage, par des brutes de la police des mœurs. Innocente, elle n'en avait pas moins passé trente-six heures au violon.

« Cette odieuse arrestation l'avait profondément affectée, car elle craignait que sa mésaventure ne parvînt à la connaissance de sa famille. De jour en jour elle devint plus triste et finit par se suicider.

« Quelles mesures l'administration a-t-elle prises contre les ignobles brutes qui sont la cause de cette mort ? »

Vous serez de mon avis, Messieurs : une institution qui exige pour fonctionner des agents tels que ceux dont je viens de vous donner le signalement et les hauts faits, est condamnée. Il n'y a plus qu'à donner un violent coup d'épaule pour la faire tomber dans la boue sur laquelle, du reste, elle repose.

*
* *

Je disais, il y a un instant, que les agents de la police des mœurs servaient parfois d'agents de recrutement aux tenancières des maisons de tolérance. Ils ne sont pas les seuls, comme bien on pense, à jouer ce rôle. Il y a toute une catégorie d'ignobles personnages qui se livrent à ce qu'on a si vigoureusement appelé : la traite des blanches. Les commerçants de chair humaine ont des courtiers dans les campagnes ; ils aiment surtout les abords des gares, pour trouver de la marchandise sous la forme de pauvres paysannes qui viennent à la ville, attirées par l'appât du lucre, et qui parfois, n'ayant pas de place, suivent, confiantes et heureuses, les mégères qui se font passer auprès d'elles pour des présidentes de Sociétés ayant pour but le placement des bonnes. Il nous serait facile de citer toute une série de faits qui jetteraient un jour douloureux sur ce trafic. A quoi bon? Ils se produisent tous avec une poignante monotonie et montrent presque toujours combien il est facile de se faire des rentes en pratiquant, à la fin du XIXe siècle, l'excitation à la débauche. Mais ce qui est navrant, c'est que sur le marché de la prostitution réglementée, les mineures sont très demandées et assurent une prime à ceux qui ont la main assez heureuse pour s'en procurer. Je sais que les agents préposés au bon fonctionnement de la réglementation, affirment que jamais une mineure n'est inscrite sur le registre de la police, ni internée dans une maison. Mais nous sommes trop habitués à ces affirmations intéressées pour les accepter sans réserve. Nous demandons le bénéfice de l'inventaire, et l'inventaire nous révèle des horreurs telles, qu'en vérité, on se prend la tête entre les mains pour s'assurer, en les lisant, qu'on n'est pas la proie d'un cauchemar.

En 1890, M. Richard présentait au Conseil municipal de Paris, au nom de la commission sanitaire, sur la réorganisation du service relatif à la prostitution, un rapport dans lequel il est dit textuellement « que les raisons d'ordre moral et social qui ont dicté à la commission la résolution de supprimer définitivement l'inscription des mineures, sont trop nombreuses et trop évidentes pour qu'il soit nécessaire d'y insister ». On ne se décide, n'est-il pas vrai, à supprimer qu'une chose qui existe? La commission nommée par le Conseil municipal de Paris reconnaît donc qu'il y a des mineures inscrites. Nous nous en doutions. Nous sommes heureux qu'on le reconnaisse. Il faut lire, du reste, le rapport de M. Fiaux au Conseil municipal de Paris, pour être complètement édifié sur cette question. Ecoutez : « Il y a quelques années, lorsque l'insoumise était mineure, elle était inscrite sans aucune hésitation. Aujourd'hui, après les plaintes passionnées qu'a provoquées un tel abus de pouvoir, l'inscription a lieu tout de même ; seulement, des formalités la précèdent. M. Gigot, qui, de temps à autre, avait quelques scrupules, faisait prévenir les parents; après cette consultation, il procédait à l'inscription. M. de Bourbonne, ancien magistrat, a déposé devant votre commission qu'à Reims, la plupart des filles avaient été mises en carte de 16 à 17 ans. M. le docteur Level a vu une enfant de 16 ans demander à la police à entrer dans une maison publique. L'inspecteur Losne a déposé avoir rencontré dans une maison une enfant de 15 ans. M. Naudin a déposé également avoir inscrit lui-même une jeune fille de 17 ans. » (1). Et le rapporteur continue en citant des faits analogues. Nous en ajouterons quelques autres que nous empruntons à des hommes dont l'impartialité est au-dessus de tout soupçon. Le docteur Mireur a dressé un tableau indiquant l'âge de 3.584 prostituées inscrites au bureau des mœurs de Marseille, pendant la période de 1871 à 1881. En voici la partie concernant la question qui nous occupe :

AGE	NOMBRE
14 ans	1
15 —	12
16 —	35
17 —	56
18 —	78
19 —	89
20 —	103
Total	374

soit, à Marseille, en 10 ans, 374 mineures séquestrées ou enrégimentées. D'après M. Yves Guyot, en 1881 Troyes et Grenoble comptaient dans les maisons 29 mineures, Saint-Etienne et Valence 12. Le docteur Vibert, dans un article du Dictionnaire de médecine et de chirurgie, reconnait le

(1) Rapport de M. Fiaux au Conseil municipal, p. 31.

fait et le légitime. « Ce devoir d'inscrire les femmes existe, dit-il, également à l'égard des prostituées, bien qu'il soit fâcheux d'inscrire et d'enrégimenter, dans le personnel en quelque sorte officiel de la débauche, des jeunes filles qui peuvent être considérées comme manquant jusqu'à un certain point de discernement complet des actes auxquels elles se livrent. » On m'objectera que les faits dont je parle remontent à 12 ou 13 ans. Croyez, Messieurs, que si on se livrait à une enquête sommaire, on arriverait aux mêmes conclusions. Le système est toujours le même, le personnel n'a pas changé, on ne voit pas pour quelles raisons les conséquences différeraient. Et elles ne diffèrent pas. Nous apprenons à chaque instant, par les journaux, la condamnation d'un couple hideux qui fournissait les maisons de tolérance de chair fraîche, en falsifiant les actes de naissance, et cela pendant des 10 et des 20 ans. Je vous citais, avant-hier, dans ma conférence, l'arrestation du couple G..., à Vincennes, qui opérait avec des maisons de province et de l'étranger ; je tiens aujourd'hui à reproduire quelques fragments d'une lettre adressée, ce matin même, par Mme de Courteville à l'une de nos amies de Lyon. Je ne connais rien d'aussi navrant, d'aussi troublant que les faits auxquels Mme de Courteville fait allusion : « Il me semble que vous n'avez pas entendu mon rapport (1) sur l'émigration des filles mineures que les placeuses de notre région envoient à l'étranger, surtout en Hongrie. Les pauvres enfants sont presque toutes fatalement conduites à l'immoralité, même celles qui débutent par une place honnête, parce que ces mauvaises femmes envoient d'ici des fillettes qui ne savent rien et ne peuvent satisfaire aux exigences

(1) Conférence faite à l'amphithéâtre de la Faculté des Lettres, sous la présidence du docteur Augagneur, professeur agrégé à la Faculté de médecine de Lyon.

(2) Rapport présenté par Mme de Courteville au Congrès international des « Amies de la Jeune Fille », tenu à Neufchâtel, en août 1891.

d'un service régulier. Aussi, on les congédie vite ; elles s'adressent, là-bas, à un bureau qui les exploite... et les pauvres filles acceptent le vice, qu'on leur présente sous des formes attrayantes. D'autres sont immédiatement destinées à la débauche : Mme Abt, de Belfort, deux dames de Montbéliard et une de la Savoie ont dit que les mêmes faits se passent chez elles. »

Les commerçants qui se livrent à cet intéressant négoce n'ont-ils pas raison ? Ne rendent-ils pas un signalé service à la patrie ? Depuis l'application des tarifs Méline-Mac-Kinley, tous les débouchés étaient fermés à nos produits. J'espère que nos gouvernants sauront gré à ces hardis marchands, plus ingénieux que ceux de l'ancienne Venise ou de Gênes, d'avoir trouvé une matière vivante à exporter et qui échappe aux droits de douane. Ils ont ouvert au commerce français les grands marchés de l'Europe. L'Etat, s'il a conscience de ses devoirs, leur doit une pension nationale. Je compte bien qu'il la leur donnera sous la forme d'une ration de pain sec et d'une soupe de haricots... à Nouméa.

Or, d'après le petit nombre de trafiquants de chair humaine qui sont pincés, jugez du nombre de ceux qui échappent à la sévérité de la loi ! Quand je parle de sévérité, je m'exprime mal : les juges sont, en général, d'une bienveillance presque paternelle pour ces pourvoyeurs. Une condamnation de cinq à six mois de prison, une amende de 50 à 100 francs, et c'est tout. Quant aux tenancières, on les fait comparaître au parquet, on leur adresse quelques admonestations plus ou moins bienveillantes et on a raison : du moment qu'on tolère leur commerce, il faut leur permettre de l'exercer. Il y a bien, il est vrai, l'article 334 du Code pénal ; mais cet article ne concerne pas, paraît-il, ceux qui le violent. Il n'est fait que pour les honnêtes gens. C'est, du moins, Lecour qui nous l'affirme : « Les nécessités, dit-il, et les importantes considérations qui se rattachent à la répression de la prostitution font qu'on n'entame pas de poursuites dans ces conditions. » Ces considérants sont tout simplement délicieux, et en disent beaucoup plus long que les plus éloquents commentaires sur le dégré d'arbitraire que l'on atteint quand on viole les règles les plus élémentaires de la justice.

*
* *

Je vous demande pardon, Messieurs, d'arrêter votre attention sur un sujet aussi répugnant; mais, comme l'a dit Stuart Mill : « quand on ne peut prévenir ni guérir les maux de la société, tout comme les maladies du corps, à moins d'en parler ouvertement », et l'homme qui a la noble ambition de travailler à l'assainissement de la société ne doit pas craindre de descendre dans les cloaques, malgré les odeurs méphitiques qui s'en dégagent.

Une fois qu'elle a mis le pied dans un établissement, la femme a perdu la libre disposition de sa personne ; elle est descendue au rang d'une chose, et on peut la regarder comme une esclave qui ne recouvrera jamais sa liberté. Sans doute, si l'on s'en tient à la lettre des règlements, elle peut sortir de ces lupanars quand et comme bon lui semble. En droit, elle est libre; mais en fait, elle est bel et bien détenue. Je ne dis pas que le parquet et la police reconnaissent la validité de cette détention ; ils sont censés l'ignorer. Qu'une pensionnaire de ces établissements veuille s'en aller, elle n'a qu'à adresser une demande au parquet, et immédiatement— du moins, on nous l'assure— les portes de sa prison s'ouvriront devant elle. Qu'on me permette, incidemment, de trouver singulier qu'une créature humaine, qui n'a commis aucun délit, ait besoin de l'intervention de la police pour être mise en liberté. En réalité, la femme de maison ne songe presque jamais à revendiquer son droit à la liberté : d'abord, parce que, quoi qu'on en dise, tous les parquets ne se montrent pas très empressés de faire droit à leur demande ; ensuite, et surtout, parce que ces malheureuses ont été soumises à un savant entraînement qui leur ôte l'usage de toutes leurs facultés, sauf peut-être la sensibilité physique, et encore ! Les aveux des spécialistes sont toujours précieux. Enregistrons-les : Pour Jeannel, si les filles deviennent des prostituées en maison, « c'est qu'elles sont absolument ineptes et imprévoyantes ; c'est que, à de très rares exceptions, elles sont encore plus stupides que vicieuses. » Aux yeux de M. Maxime Ducamp : « L'ignorance et l'imbécillité de quelques-unes de ces créatures dépassent tout ce qu'on pourrait imaginer. » Mireur ne pense pas autrement : La fille de maison est, dans sa pensée, « l'esclave moderne qui, ayant fait le sacrifice de sa personnalité, est devenue l'instrument de la matrone et la propriété du public. » Et c'est à cette malheureuse, dont le ressort moral est brisé, qui n'a pas la moindre initiative, dont la santé est compromise par l'abus de l'alcool, des jouissances contre nature, de la cigarette, de la vie au gaz, qu'on dit : « Vous êtes libre », et quand elle veut profiter de sa liberté et quitter sa prison, la tenancière arrive et lui dit : « Payez vos dettes ! »

Ses dettes ? Oh ! sans doute, cette dette n'a aucune valeur légale ; mais on lui fait croire le contraire. On la menace de la police si elle sort sans payer, et la police se prête parfois à cette ignoble comédie. Mais, après tout, elle n'a pas besoin d'intervenir souvent ; la fille en maison, aussi bien, est séquestrée, verrouillée ; elle ne peut sortir qu'accompagnée. Si elle veut correspondre avec le dehors, ses lettres sont interceptées. Elle n'aurait, il est vrai, qu'à s'adresser à l'inspecteur de la police, mais elle se gardera bien de le faire. A ses yeux, l'inspecteur de la police est un garde-chiourme. A-t-elle tort de le regarder comme tel? Les faits tendent à prouver qu'elle a raison. (1).

Les voilà donc séquestrées, ces malheureuses, rivées à leur chaîne d'infamie. Heureusement, si les hommes ne veulent pas les rendre à la liberté, la mort aura pitié d'elles et leur donnera le repos. Le docteur Mireur est très explicite sur ce point : « Il est presque superflu de dire, écrit-il, combien le genre de vie de ces malheureuses est préjudiciable à leur santé. La privation d'air, le manque d'exercice, l'abus des boissons et du tabac, les maladies vénériennes et les excès de tout genre, capables d'ébranler les plus robustes organismes, exercent une action funeste sur ces pauvres créatures qui, le plus souvent, par suite des privations de leur jeune âge, ne sont douées que de constitutions faibles et délicates. Aussi la mort... les frappe-t-elle presque toutes à la fleur de l'âge... ; l'hôpital est presque toujours le terme fatal des filles de maisons. La débauche les a fait vivre hier, elle les fait mourir aujourd'hui. » (2).

Nous ajouterons avec le docteur Jeannel : « Heureuses celles qui meurent jeunes! car dès qu'une fille est délaissée par le public, la matrone provoque son départ par des querelles ou par le refus de lui acheter les objets qu'elle désire et les vêtements dont elle a besoin ; ou bien, elle la met à la porte à peine vêtue d'un vieux jupon et d'une vieille robe » (3). Elles descendent ainsi, d'une maison de premier ordre, à un bouge de faubourgs, à moins qu'elles ne soient embarquées sur quelques vaisseaux qui les transporteront dans les ports de l'Afrique et de l'Asie, où elles serviront à assouvir les passions des matelots.

*
* *

(1) Comment expliquer la fortune rapide que font certains chefs de la sûreté dans les grandes villes.

(2) *La Syphilis et la Prostitution*, p. 248.

(3) *La Syphilis et la Prostitution*, p. 241.

Messieurs, j'ai examiné jusqu'ici la question au point de vue hygiénique, et j'ai été amené à conclure que la réglementation ne répondait pas à son but, qui est de réduire les cas de maladie ; je l'ai examinée au point de vue des mœurs, et m'autorisant de l'examen des faits et de l'opinion des hommes les plus compétents, j'ai pu soutenir que la réglementation manquait, encore ici, à l'une de ses fins qui est, parait-il, de restreindre la prostitution en général et d'éviter les scandales. A ce moment-là, j'étais en droit déjà de déclarer qu'il fallait en finir avec un système qui ne tenait aucune des promesses que ses partisans nous faisaient. Mais la nécessité, l'obligation de supprimer cette institution est ressortie avec plus de force, si possible, quand je vous en ai montré les conséquences odieuses, sous la forme de la police des mœurs, de l'excitation des mineurs et des mineures à la débauche, de la traite des blanches et du sort réservé à ces pauvres créatures, coupables sans doute, dignes quand même de pitié.

Mais il est un dernier ordre de considérations qui devrait, me semble-t-il, porter la conviction dans tous les esprits et que je ne veux que signaler : La réglementation n'est autre chose que la légitimation de la théorie des deux morales et des deux justices, et la justification de l'exploitation de la femme par l'homme, au nom, nous assure-t-on, de l'intérêt supérieur de l'espèce; au nom, en réalité, du droit du plus fort.

Il ne s'agit pas d'épiloguer, il faut avoir le courage de voir les choses sous leur vrai jour : l'Etat tolère, les municipalités encouragent ce mépris de la personnalité humaine. Avec la complicité de la loi, il se commet des iniquités qui, si elles se perpétraient au détriment de l'homme, suffiraient pour justifier un nouveau 89 ; mais ces iniquités sont commises au préjudice de la femme ; cela ne tire pas à conséquence. Qu'on y prenne garde : c'est tout simplement un encouragement à la violation de là loi qui ressort de ce système. Pour conserver l'espèce, vous prétendez qu'il est bon de sacrifier l'honneur, la santé, la vie morale de milliers de créatures humaines ; je ne vois pas trop ce que répondraient les partisans de cette théorie aux défenseurs de l'esclavage ou du servage qui, eux aussi, justifiaient ces deux institutions au nom de l'intérêt même de la civilisation. Les planteurs du sud de l'Amérique assuraient qu'on ne pourrait plus cultiver le coton et le café, si on abolissait l'esclavage. Les grandes Compagnies houillères prétendaient, il y a trente ans, que l'industrie du charbon serait ruinée le jour où il serait défendu d'employer des enfants de huit, sept et même six ans dans les mines, et tous les exploiteurs de forces humaines ont tenu le même langage. Mais aujourd'hui, en pleine démocratie, nous avons fait bonne justice de ces raisonnements intéressés. Volontiers, nous dirions : Périssent toutes vos industries, plutôt que les individus ! Mais nous savons que ce qui est contraire aux individus, est aussi contraire aux manifestations des individus. Voilà pourquoi nous disions : Périsse la société, plutôt que de vouer à l'infamie une partie de cette société ! Mais nous n'avons pas à émettre un pareil vœu : nous sommes convaincus que la pratique de la justice est, en somme, le meilleur calcul ; que tout ce qui est inique, arbitraire, attentatoire à la dignité humaine, est en même temps anti-hygiénique ; nous restons persuadés que c'est nier la logique et la justice immanente des choses, c'est-à-dire les rapports de cause à effet, de soutenir que pour conserver la santé à une partie de l'humanité, il faut sacrifier l'autre. Supposez plutôt, un Etat où les femmes soient les plus fortes ; n'auraient-elles pas le droit de s'autoriser de nos mœurs actuelles et des données de notre prétendue science, pour mettre à part à leur tour, hors la loi, hors l'humanité, une certaine catégorie d'hommes dont le seul rôle serait d'être procréateurs ?

J'ai dit aussi que la réglementation était la justification de la théorie des deux justices. J'en trouve la preuve dans ce fragment extrait des *Etudes administratives* de Vivien, ancien ministre de la deuxième République :

« Les injonctions de la police des mœurs, multipliées, consignées dans les règlements, inscrites sur les cartes remises après l'inscription, ont pour sanction la peine d'emprisonnement attachée aux infractions, et qui s'étend parfois au delà même d'une année. Chaque jour, plusieurs de ces condamnations sont prononcées par le Préfet, sur le rapport de ses bureaux, sur levée des procès-verbaux dressés par les inspecteurs de la police, et des interrogatoires subis par les inculpées. Cette justice sommaire, à huis-clos, exceptionnelle, unique dans notre régime légal, se fonde sur d'anciens règlements, sur de longs usages; elle reçoit une exécution non contestée, et tant est puissante la voix de la morale et de l'opinion, dans un temps où toutes nos institutions, même les mieux établies, ont été mises en question, que pas une plainte ne s'est fait entendre contre l'exercice d'un pouvoir qui ne repose sur aucun texte de loi. »

« Etait-il possible, dit M. Pillon, auquel j'emprunte cette citation, de déclarer plus nettement qu'il y a, dans notre pays, un certain nombre de personnes soumises à une justice sommaire, abandonnées à un pouvoir discrétionnaire, placées hors la loi et le droit commun, en vue de la sécurité et de la santé publique. » Et après avoir fait observer que, de nos jours, on s'insurge contre tout ce qui paraît avoir la consécration du temps, M. Pillon s'écrie : « Seule, la police des mœurs échappe à l'esprit révolutionnaire ; personne ne songe à protester contre des privilèges et des pouvoirs qui sont la violation flagrante des principes de 89, *tant est puissante,* s'écrie-t-on, *la voix de la morale et de l'opinion* (1). »

(1) *Relèvement Social,* 1er mai 1893.

A ces fortes paroles, nous n'ajouterons qu'un mot très vieux mais admirablement approprié au sujet : ÉCRASONS L'INFAME.

*
* *

Eh! bien, soit, nous disent nos adversaires. Supprimons la réglementation. Par quoi la remplacerez-vous? Je réponds : par rien du tout. Je ne sache pas qu'après avoir démoli la Bastille, nos pères de 89 aient éprouvé le besoin de construire une nouvelle prison d'Etat. Nous nous contenterons tout simplement de demander l'application des principes de droit commun, et nous aurons ainsi des lois non pas pour, en faveur de la prostitution, mais contre la prostitution.

Il est facile de comprendre que ce ne sont pas les quelques femmes soumises à la réglementation qui feront courir des risques à la santé publique et à la moralité, quand elles seront libres. Jetées, si j'ose m'exprimer ainsi, dans le courant de la circulation, elles passeront inaperçues. Le nombre des maisons, en effet, diminue chaque jour, et les prostituées libres éprouvent une répugnance toujours plus vive à se faire inscrire. Quand un essaim de mouches volent sur un cadavre en putréfaction, ce n'est pas une douzaine de plus ou de moins qui hâteront la décomposition du cadavre.

Du reste, nous ne nous bornons pas à demander seulement la suppression de la réglementation. Notre ambition est plus vaste. Nous voulons restreindre la prostitution de façon à ce qu'elle cesse d'être un délit, c'est-à-dire une excitation à la débauche, un attentat aux mœurs, et qu'elle ne soit plus que la manifestation des passions coupables de l'humanité, réduites à leur minimum. En d'autres termes, nous voulons diminuer le nombre de ceux qui se prostituent, tant hommes que femmes, non pas en définitive par des mesures directes, par des règlements ou par des lois, mais par des moyens indirects, par ce que j'appellerai volontiers le traitement antiseptique.

Agissant d'abord sur l'opinion publique, nous devons combattre la théorie du vice nécessaire, théorie d'après laquelle, dès que le jeune homme a atteint l'âge viril, il doit satisfaire ses besoins sexuels. Préjugé difficile à déraciner, l'homme ayant tout intérêt à le consolider. Mais peut-être trouverions-nous des auxiliaires précieux dans les mères qui ne voient pas sans appréhension arriver le moment de la puberté chez leurs fils et qui, j'en suis convaincu, n'hésiteraient pas à réagir contre la théorie dont nous parlons, si elles étaient persuadées que cette théorie ne repose sur aucun fondement sérieux. Mais ici, il nous faudrait l'appui du corps médical qui, en cette matière, il faut bien l'avouer, ne remplit pas la noble mission qui lui est dévolue. Au lieu de répandre des idées saines sur cette question, le médecin n'est-il pas souvent la cause de la chute du jeune homme? Que de fois, sous une forme plus ou moins brutale, ne répond-il pas au père qui le questionne sur l'état de santé de son fils : « Qu'il prenne une maîtresse ! » Qu'y a-t-il de fondé dans cette réponse ? Voici l'avis d'un savant, qui n'est dominé par aucune considération d'ordre religieux, mais qui arrive à cette conclusion uniquement guidé par les lois de la biologie et de la pathologie : « On dit que la santé réclame la satisfaction du besoin génital ; je n'hésite pas à déclarer que cela est faux ! Dans le cercle restreint de mes anciens camarades et amis, appartenant à différents pays et à différentes classes sociales, plusieurs sont restés purs jusqu'au jour de leur mariage. Pas un seul n'en a souffert, et je n'ai jamais entendu dire que qui que ce soit fût malade à cause de ça ! Si quelqu'un me le dit, je le nie absolument. On aime à trouver des excuses. On consulte le médecin, — et si j'ai des confrères ici, je les prie de m'excuser... il y a partout d'honorables exceptions... Les médecins sont trop coulants sur ce chapitre. Quand un jeune homme vient lui dire : J'ai mal à la tête, j'ai des palpitations, je ne dors pas bien, etc., le médecin lui répond : Vous avez besoin de voir une femme! N'y croyez pas, Messieurs, et puisque j'ai dit que je ne ménagerais personne, je dirai à mes confrères qu'ils agissent, dans ce cas, avec une légèreté impardonnable. »

Messieurs, quand la majorité des membres du corps médical partageront le point de vue du docteur Herzen, le nombre des prostituées aura diminué de moitié.

En attendant, il faut que les mères sérieuses apprennent à leurs fils le respect de la femme, et que le père, quand il le jugera convenable, et avec toutes les précautions voulues, avertisse ses enfants de l'injustice qu'ils accompliraient en usant de la femme pour leur plaisir, et les mette en garde contre les vices monstrueux qu'on apprend dans les internats. J'avoue que ce n'est pas chose facile que cette initiation du jeune homme aux lois de la génération ; il y faut beaucoup de prudence et de délicatesse. Je suis heureux de vous signaler deux brochures parues tout récemment, dues à la collaboration d'un père et d'une mère, et qui ont précisément pour but d'attirer l'attention des parents sur cette grave question, et d'enseigner au jeune homme le respect de leur corps et de leur cœur. La première de ces brochures a pour titre : *Conseils aux jeunes gens ;* la seconde : *Eclaircissements aux pères et aux mères de famille.* C'est une tentative qui mérite d'être encouragée.

Je crois aussi que la suppression des internats serait une mesure excellente au point de vue qui nous occupe. Rien n'est plus malsain, j'ajoute plus immoral, que la cohabitation incessante de jeunes gens surexcités par le surmenage, la vie cloîtrée et les propos érotiques qui font souvent le sujet de leurs conversations.

Une autre mésure préventive qui s'impose, c'est la suppression du militarisme. Les armées permanentes retardent le mariage jusqu'à l'âge de vingt-six ans et, non seulement rendent la continence difficile, mais en réunissant sur un même point un grand nombre d'hommes dans toute la force de la virilité, sont fatalement des foyers de corruption. Disons-le : le régiment ne va pas sans ses maisons de prostitution, sans son bataillon d'amazones, et nous savons qu'un général menaça de retirer les troupes d'une petite ville du Sud-Ouest, si la municipalité n'autorisait pas l'ouverture immédiate d'une maison à gros numéro.

Malheureusement, les armées permanentes ne sont pas prêtes à disparaître. Unissons-nous, du moins, à la Société internationale des Amis de la Paix ; indirectement, cette Société est le plus précieux de nos auxiliaires, et soutenons en attendant d'obtenir le plus, le vœu du conseil général des Vosges qui demande le moins, à savoir la réduction à deux ans du service militaire.

Je vous signale enfin, dans le même ordre d'idées, la coéducation des sexes. Le système a fait ses preuves en Hollande, en Norwège, en Amérique; il réussirait en France, si on l'appliquait avec méthode et sérieux. Nous aurions là une excellente école des mœurs. « C'est là, dit M. Courtois, que les jeunes gens auront appris à estimer et, par suite, à respecter les femmes. Ils seront, à la fois, moins gauches en leur présence et moins grossiers dans leurs propos ; plus aimables que galants, une fois mariés ils seront meilleurs époux. Ils comprendront qu'un serment en vaut un autre et que la fidélité est un devoir aussi bien du côté des hommes que du côté des femmes. Les filles, à leur tour, seront moins effarouchées, mais plus prudentes ; elles comprendront mieux leurs devoirs et ne contracteront une union qu'autant qu'elles rencontreront, dans leur futur, les qualités sérieuses que requiert l'acte important du mariage. La famille en sera aussi sensiblement améliorée et la patrie aura, en elle, ses véritables assises, ses solides fondements. »

Les moyens que nous venons d'indiquer ne suffisent pas pour combattre avec efficacité la prostitution. Cette plaie trouve son explication dans la situation déplorable faite à la femme, au double point de vue légal et économique. « Tout ce qui concerne la femme en général, a dit excellemment M. Bridel, influe sur le respect qui lui est dû et crée un état d'opinion qui peut être favorable ou défavorable au développement de la prostitution. » Or, la femme dans le mariage et hors du mariage, est traitée par la loi comme une mineure, comme un être n'ayant aucun droit ; comment voulez-vous qu'on traite la fille séduite ? On la pousse du pied dans le ruisseau. Elle n'en sort pas. Donnez à la femme les droits civils qui lui manquent, accordez-lui la faculté de défendre ses intérêts quand ils sont menacés, introduisez dans le Code une loi sur la recherche ou tout au moins sur la constatation de la paternité, et vous sauverez chaque année des centaines de filles-mères. Parent-Duchatelet s'est livré à une enquête singulièrement suggestive. Il a examiné 5.000 cas pour se rendre compte des causes déterminantes de la prostitution, et il a trouvé que 280 de ces pauvres créatures avaient été abandonnées en état de grossesse par leurs séducteurs. Il serait urgent aussi d'organiser, sur une base plus large, les secours offerts aux filles-mères qui nourriraient elles-mêmes leurs enfants. La maternité et ses devoirs, quelle préservation pour l'infortunée qui, se sentant abandonnée de tous, trouverait dans l'amour pour son enfant la force de résister à de nouvelles tentations que la misère rend singulièrement pressantes.

Parent-Duchatelet, dans cette même statistique à laquelle je faisais allusion plus haut, a trouvé que sur 5,000 prostituées, 1,400 avaient été jetées dans le vice par la misère, 1,250 étaient demeurées orphelines, sans ressources, 800 s'étaient livrées à la prostitution pour nourrir leurs parents,

1,400 avaient été abandonnées par leurs amants et, de la sorte, jetées dans la misère, 400 avaient été séduites par des officiers, des sous-officiers et des soldats et rejetées sur le pavé de Paris. Musset avait raison d'appeler la misère la grande pourvoyeuse. Aussi, manquerions-nous à notre devoir dans la Ligue, si nous ne réclamions pas pour la femme le salaire égal à travail égal, et si nous ne contribuions pas de tous nos efforts à rendre la situation de l'ouvrier plus acceptable afin que le produit de son travail lui permette de ne pas envoyer sa femme à l'atelier chercher un supplément de salaire et garder chez lui ses jeunes filles jusqu'au jour où elles seront en âge de résister aux sollicitations du vice.

Toutes ces réformes que nous réclamons ne se réaliseront que graduellement, et il ne tient qu'à nous, membres de la Ligue, d'en hâter l'avènement en introduisant dans la pâte sociale ce levain qui la fera gonfler et lever rapidement; je veux dire les principes de haute moralité sans lesquels toute amélioration matérielle est la plus décevante des illusions.

A côté de ces moyens indirects que nous vous signalons pour combattre la prostitution, il est juste de placer quelques mesures indirectes dont il ne faut pas faire fi, mais sur lesquelles, non plus, il ne faut pas trop compter.

Je citerai, mais sans insister, la fermeture des brasseries à femmes et des bouchons où l'on reçoit quatre ou cinq consommateurs par jour et où l'on trouve cependant deux et trois bonnes pour servir un nombre de clients beaucoup plus considérable dans les cabinets particuliers; je demanderai que les municipalités exigent que les cafés fréquentés par les femmes galantes, on les connait, n'envahissent pas les trottoirs avec leurs tables et qu'il leur soit absolument interdit de servir des consommations à la devanture de leur établissement.

J'estime encore qu'il y aurait lieu d'agir sur les pouvoirs

publics afin qu'ils aient l'œil ouvert sur les agissements de certains bureaux de placement qui travaillent pour l'exportation, et de créer des bureaux de vigilance dans les campagnes pour détourner, autant que possible, les jeunes filles de leur projet de se placer dans les villes et, au cas où on ne les convaincrait pas, pour signaler leur arrivée aux Sociétés qui ont pour but de les patronner et de leur trouver des occupations.

Ai-je besoin d'ajouter, Messieurs, que pour arrêter la prophylaxie de la prostitution, il faut lutter contre la littérature obscène et les dessins orduriers si fort en vogue de nos jours ? qu'il faut surtout arrêter la vente et l'affichage de ces journaux à prétentions littéraires ou artistiques, qu'on croirait soudoyés par les tenancières des maisons de prostitution et par les proxénètes ? Je ne crois pas que les écrivains et les artistes infâmes qui se plaisent à décrire et à représenter tout ce que l'imagination la plus sadique peut inventer, aient une conscience. Dans tous les cas, s'ils en ont une, elle est anesthésiée ; mais si jamais elle se réveille, ils comprendront qu'ils ont à leur actif plus de chutes de jeunes filles et de jeunes gens que les immondes personnages qui racolent des enfants pour satisfaire les passions libidineuses de quelques vieux satyres en rupture d'humanité.

*
* *

Messieurs, au moment de terminer mon rapport, un scrupule me vient ; je vous le soumets en toute franchise : dois-je parler du rapport que M. le sénateur Bérenger a déposé sur les bureaux du Sénat, pour combattre la prostitution et l'outrage aux bonnes mœurs ? Vous savez tous de quelle respectueuse admiration nous entourons ce courageux citoyen qui, du milieu d'un tas de pleutres et de jouisseurs, n'a pas craint d'élever la voix, organe de la conscience publique indignée, et de flétrir les drôles qui ont pris à tâche au théâtre, dans le roman, le feuilleton et le journal, de marquer de leur bave immonde, comme des reptiles visqueux, l'imagination et le cœur de la femme et du peuple. La dette de reconnaissance que nous avons contractée vis-à-vis de M. Bérenger ne peut pas cependant et ne doit pas nous empêcher d'émettre quelques doutes sur les bons effets qu'il attend de son projet de loi. Ces doutes, je les formulerai sous forme d'interrogations, espérant bien que ce soir, M. Bérenger dissipera, par les explications qu'il nous donnera, les craintes que son projet a fait naître en nous. N'ouvrira-t-il pas la porte à l'arbitraire en faisant de la débauche un délit ? Ne fera-t-il pas dépendre la sécurité et l'honneur des femmes honnêtes de la grossièreté des agents de la police des mœurs qui, par suite même de leurs fonctions, doivent être ou devenir fatalement des brutes et des souteneurs déguisés ? Ce projet ne reconnait-il pas officiellement la débauche comme une nécessité sociale et, partant, ne multipliera-t-il pas les maisons de tolérance sous le bienveillant contrôle de l'Etat ?

Jusqu'ici, la loi tolérait ou ignorait l'existence de ces lupanars. Nous craignons que, le projet de loi Bérenger étant adopté, ces établissements ne deviennent des monuments publics ; on pourrait les illuminer le 14 Juillet, comme on illumine la cathédrale ou la préfecture de police.

Messieurs, la prostitution est un mal moral et social ; le racolage, qui en est la conséquence, est la manifestation visible, publique de ce mal. N'en faites pas un délit, ne le cataloguez pas, vous tomberiez dans l'arbitraire, donc dans l'injustice ; ne lui faites pas l'honneur d'élaborer en sa faveur de nouvelles lois, d'édicter de nouvelles peines. Il ne peut devenir délit que lorsqu'il est un outrage aux bonnes mœurs ; dans ce cas, vous avez dans le Code les armes nécessaires pour le combattre. Mais punissez-le chez l'homme aussi bien que chez la femme, vous rappelant l'article 6 de la Déclaration des Droits de l'Homme : « La loi est la même pour tous, soit qu'elle punisse, soit qu'elle protège. »

Et nous, Ligueurs, nous rappelant que l'abolition de la prostitution patentée et de la police des mœurs, qui en est la conséquence, est au fond la partie capitale de notre programme, puisque nous ne pourrons développer ni le respect de la femme, ni le respect des faibles aussi longtemps que ces deux institutions subsisteront, tenons très haut et très ferme notre drapeau. Il y a quelques années, on se moquait de nous ; les médecins, nos auxiliaires nés, nous combattaient avec acharnement au nom de l'expérience et de la science ; aujourd'hui, on nous applaudit, et des sommités médicales viennent devant des assemblées de 800 citoyens, recrutés dans toutes les classes de la société, reconnaître loyalement qu'il se sont trompés en nous combattant, et au nom de cette même expérience et de cette même science qu'ils invoquaient jadis contre nous, ils nous disent : « Vous êtes dans le vrai. » En vérité, ce serait un crime de lèse-démocratie si, au moment où nous recrutons de si précieuses recrues nous abandonnions le combat, ou si seulement nous nous contentions de conserver nos positions. Nous n'en ferons rien. Nous venons, en ces jours de congé, de passer notre armée en revue. Nos troupes sont fraîches et plus résolues que jamais. Nous nous sentons prêts pour la lutte ; jetons-nous courageusement dans la mêlée et nous vaincrons.

Résumé de la Discussion de Mme de Lys

DÉLÉGUÉE

DU GROUPE DE LA SOLIDARITÉ DES FEMMES

MESSIEURS, MESDAMES,

Les femmes, les épouses, les mères qui combattent le bon combat pour le relèvement de leurs sœurs, ont le droit de se faire représenter au Congrès et de donner leur avis dans une question qui intéresse l'avenir de leur sexe.

Depuis plusieurs années, grâce à l'énergie, à l'intelligence de quelques femmes dévouées qui n'ont pas craint de se mettre à la tête d'un mouvement féministe, en bravant les préjugés qui les condamnaient à subir docilement des lois iniques, la cause a fait un pas immense, des prodiges ont été accomplis. Et nous sommes heureux d'annoncer qu'un comité parlementaire féministe a été formé pour défendre les intérêts féminins. De nombreux députés ont donné leur adhésion et ont promis d'employer leur pouvoir pour obtenir les réformes nécessaires dans les articles du Code qui asservissent la femme, l'assimilent, comme le disait l'éminente Maria Deraisme, aux mineurs, aux incapables, et font d'elle un jouet, une machine, une de ces misérables créatures contre lesquelles la loi sévit toujours, qui, au contraire, protège le complice, l'entraîneur — pourrait-on dire — l'autorise même, en tout cas, lui laisse liberté entière.

Tout le monde connaît aussi bien que nous la situation à Paris, et ce n'est rien de nouveau de dire que dans cette grande capitale, la prostitution y est pratiquée sur une vaste échelle. Et nous n'avons aucun détail inédit à ajouter à l'allocution si vibrante de M. le docteur Augagneur, au rapport si documenté de M. Comte, non plus qu'au rapport si complet et si vrai de M. le professeur Bridel sur la situation de la femme d'après le Code français.

Je tiens surtout à prouver à ces Messieurs que nous sommes avec eux, que nous approuvons leurs efforts et que nous nous y joignons de tout notre cœur.

Cette triste question de la prostitution ne peut nous laisser indifférentes, et nous ne pouvons nier qu'il n'y ait aussi des torts du côté des femmes. Il existe, malheureusement pour la honte de notre sexe, une certaine catégorie de femmes qui ont pris goût à une vie de débauche ; mais celles-ci sont en minorité, et c'est presque toujours la faute d'une mauvaise éducation, du triste milieu où s'est écoulée leur enfance qui ont développé dans leur organisme des instincts pervers.

La cause générale de celles qui tombent si bas est due à la misère, au manque de travail. C'est donc de ce côté qu'il faut chercher un remède au mal qui nous envahit, qui, ainsi que la gangrène, après avoir attaqué le commencement d'un membre, gagne le corps tout entier.

Il y a longtemps qu'on sait tout cela, et cependant la maladie monte, monte, sans qu'on puisse l'empêcher, ni arrêter les progrès de l'ulcère qui entraîne le monde à sa perte. Il est à désirer que les législateurs se mettent promptement à l'œuvre et apportent le secours de leurs lumières à cet état de choses qui n'a que trop duré ; mais avant tout, qu'on rétribue le travail honnête ; que la femme, qui est obligée de se suffire à elle-même, puisse vivre de son gain, et du jour où les patrons auront satisfait à cette juste mesure, on verra décroître la prostitution. Quand des femmes se tuent à travailler jour et nuit pour un gain dérisoire de 2 à 3 francs par jour, il est évident que nombre d'entre elles, peu outillées pour la lutte et qui ne sont pas soutenues par des convictions religieuses — qui, seules, donnent la force de résister au mal, — pour élever des enfants, lorsqu'elles ne peuvent compter sur le mari, ce qui arrive trop souvent, pour soutenir des vieux parents et pour s'accorder à elles-mêmes quelques aises que le travail honnête ne leur donnera pas, prêteront l'oreille à des propos licencieux dont elles retireront quelque profit, et, peu à peu, elles glisseront fatalement dans l'abîme dont plus rien ne les pourra tirer.

A ce propos, il est bon de rappeler l'Œuvre des Libérées de Saint-Lazare, fondée pour le relèvement des femmes dégradées. Elle a déjà rendu de réels services, et il est à souhaiter que l'exemple soit suivi dans toutes les villes de France.

Et nous sommes toutes d'avis, les membres du Groupe de la Solidarité des Femmes de Paris et moi-même, que la réglementation de la prostitution doit être abolie. D'accord avec l'honorable M. Comte sur cette importante question, nous considérons cette mesure comme une honte pour une nation civilisée ; car c'est empêcher la femme qui a cédé soit à la misère, soit à une cause accidentelle, de se relever, de sortir du cercle vicieux qui, ainsi qu'une pieuvre, l'étreint et la brise. Dans tous les pays, cette grave question est à l'ordre du jour ; aux Etats-Unis, en Suisse, en Angleterre, elle gagne du terrain. La France, nation républicaine, ne peut rester en arrière dans cette voie et garder chez elle des esclaves que toutes les nations cherchent à affranchir. Et si on veut enrayer la prostitution, qu'on rétribue le travail de la femme comme celui de l'homme, qu'on lui facilite l'accès des professions libérales, qu'on lui fournisse des moyens de gagner sa vie honnêtement, qu'on se range enfin à toutes les conclusions du rapport de M. Comte, et ces réformes mises en pratique, on verra le monde changer de face.

Cette cause a été souvent courageusement défendue par le vaillant petit organe mensuel *Le Journal des Femmes*, dirigé par Mme Maria Martin avec une rare compétence et à un point de vue humanitaire qui lui vaut la reconnaissance des femmes dont elle soutient les intérêts au prix des plus grands sacrifices.

Mme Maria Martin est, en même temps, la fondatrice du Groupe de la Solidarité des Femmes ; elle sait lui donner une impulsion toute morale dans les discussions sociales et souvent, dans nos séances où la secrétaire, Mme Potonié-Pierré, sait faire valoir des raisons très pratiques, qu'elle nous développe avec son éloquence spontanée, nous discutons sur les moyens de réprimer la prostitution libre pour arriver à la suppression totale de la prostitution patentée.

Nous ne sommes pas encore parvenues à une solution pratique, concernant cette question si complexe, mais nous ne désespérons pas, en la mettant souvent à l'ordre du jour, d'obtenir par l'étude un résultat appréciable.

Il faut donc, avant tout, procurer du travail aux femmes et, depuis longtemps, je m'évertue à crier sur tous les tons qu'il y a trop d'institutrices diplômées en France. On est effrayé par la statistique présente du nombre de femmes qui ne peuvent trouver à utiliser leurs connaissances dans leur pays. Il faut trouver un débouché à cet amas de capacités. Et ce n'est qu'en envoyant ces jeunes filles à l'étranger, où elles peuvent enseigner la langue française aux enfants, qu'elles pourront trouver à gagner leur vie. Quand les enfants sont encore jeunes, ou s'ils suivent déjà des cours, il n'est pas même nécessaire que la jeune fille soit diplômée ; elle peut trouver une agréable occupation, si elle est placée dans une bonne famille. Et, certes, ces dernières ne manquent pas. Il ne s'agit que de savoir les découvrir. Et en fondant, par les légations, dans chaque ville importante de l'étranger, une maison de famille française, qui ait des rapports directs avec les familles, on peut arriver à placer gratuitement et sûrement ces jeunes filles. Elles pourront arriver dans la maison, y loger, y manger, moyennant une minime rétribution et y revenir, en tout temps, chercher une protection et un abri si, pour une cause ou une autre, elles doivent quitter leur place. Cette idée demande des développements très étendus que j'ai donnés, en partie, dans différents journaux de Paris. Mais il faudrait qu'elle fût soutenue, et comme la cause et les résultats résident dans la moralité, je demande au Congrès et je fais appel à la Ligue pour m'accorder leur précieux appui.

Encore quelques mots pour remercier, au nom de la Solidarité des Femmes, Messieurs les membres du Congrès de l'accueil si bienveillant qu'ils ont fait à la représentante de notre groupe et pour témoigner notre gratitude aux auteurs des remarquables travaux qui ont été lus pendant les séances, aussi bien qu'à la Ligue française de la Moralité publique, pour les efforts qu'elle tente en vue d'une amélioration possible du sort de la femme.

Nous terminons en formant le vœu que le Congrès, par l'influence de plusieurs de ses membres, par la publicité donnée à ses travaux, contribue à amener l'abolition de la prostitution autorisée et productive.

Allocution de M. le Sénateur Bérenger

VICE-PRÉSIDENT DU SÉNAT

M. Bérenger ne veut prendre part à la discussion que pour dissiper le malentendu sur lequel lui paraissent reposer les critiques dont sa proposition de loi contre le racolage de la prostitution sur la voie publique a été l'objet, tant dans le rapport si remarquable de M. Comte, que dans les discours qui viennent d'être entendus.

On a cru pouvoir induire d'un mot remarqué dans un des articles de cette proposition, que son auteur était hostile au principe qui est une des bases de la doctrine professée par la Ligue de la Moralité publique. On s'est trompé, et il est prêt, pour ne laisser aucun doute à cet égard, à modifier dans le texte de son projet l'expression qui a pu prêter à l'équivoque. La vérité est, qu'ayant besoin de tous les concours pour faire aboutir la réforme difficile qu'il poursuit, il a voulu rester neutre entre les deux écoles dont le dissentiment a été si brillamment exposé par M. Comte.

L'une et l'autre, dit-il, me semblent s'appuyer sur des considérations fort graves et fort délicates. Je ne conteste pas que celle qui l'emporte ici n'ait sur l'autre l'avantage de se fonder sur le sentiment le plus élevé de la dignité de la femme, de la pudeur publique, de la charité chrétienne. Mais je ne puis, non plus, dissimuler qu'elle ne me laisse pas sans quelques appréhensions sur les désordres que la suppression brusque et absolue du système qui cherche à faire la part du feu, risquerait de jeter dans les familles et jusque dans la santé publique. N'y a-t-il pas des amputations qui risquent de rejeter le mal qu'on a cru supprimer, sur des organes qu'il n'eût pas atteint? Dans les villes, notamment, où se rencontre une population exceptionnelle de jeunes hommes dans toute la force des passions, appelés par la vie industrielle ou le service militaire, la jeune fille honnête qui sort pour les besoins du ménage, l'ouvrière qui va à son travail ou en revient, ne serait-elle pas plus exposée aux entreprises des hommes sans mœurs?

Ce sont de graves questions sur lesquelles on dissertera longtemps, qui ne me semblent pas actuellement en état d'être tranchées et qui laissent encore bien des consciences indécises et que je n'ai point entendu trancher. Mais il m'a paru qu'à côté, et j'oserai dire au-dessus d'elle, il en était une très claire, très urgente, qu'il pouvait dépendre de nous de résoudre, sans toucher aux convictions de personne, et dont la solution importait au plus haut point à des intérêts supérieurs à l'objet, si élevé qu'il soit, de cette grande querelle, ceux de la moralité de la jeunesse, du respect dû à la femme honnête, du bon renom et de l'avenir même de notre pays ; je veux parler du danger immense et particulièrement révoltant, que fait courir à nos mœurs le spectacle honteux de la prostitution, tenant marché public dans nos rues et y adressant librement à tout venant ses provocations, parfois ses outrages sous l'œil et, on peut le dire, avec la protection de la police. Cela, il n'y a pas d'école qui ne doive le blâmer et le maudire. Il n'y a pas d'opinion qui puisse refuser de le combattre et, s'il est possible, de l'interdire. C'est à ce mal intolérable et pressant que j'ai entendu m'attaquer. C'est contre lui que je vous convie instamment d'unir vos efforts en faisant taire pour un temps les querelles de doctrines.

Ai-je besoin de le dépeindre? Chacun ne sait-il pas, ne voit-il pas que c'est par la provocation de la rue que la première atteinte est portée à l'innocence de l'enfant, dont les passions s'éveillent; que c'est elle qui, le plus souvent, a raison des timidités que la Providence a mises comme un frein salutaire au cœur de la jeunesse; qu'elle est la source la plus fréquente de la débauche précoce, cette plaie des sociétés modernes, l'effroi des mères, l'outrage le plus violent à l'honnêteté publique? N'est-elle pas, par l'exemple de ses gains faciles, l'appât le plus funeste pour les malheureuses que poursuit la misère?

Nous voulons tous combattre la démoralisation qui s'empare de plus en plus de notre siècle, et travailler efficacement à son relèvement moral. En est-il un moyen plus pratique et plus direct, que de supprimer les excitations publiques qui sont la cause de tant de chutes et ne propagent que trop, par la liberté dont elles jouissent, l'idée d'une morale officielle en contradiction avec la morale enseignée?

Je me demandais tout à l'heure avec un peu d'inquiétude, en écoutant les développements si justement applaudis donnés à la thèse de la suppression des maisons de tolérance, quel pourrait être l'effet de cette suppression, si désirable au point de vue de la dignité humaine et de la morale spéculative, en ce qui touche l'amélioration des mœurs, et j'avoue que je restais préoccupé.

Diminuera-t-elle la prostitution? Il est difficile de l'espérer. Chassée de ses repaires, n'est-il pas en effet à craindre qu'elle ne se répande de plus en plus dans la rue? On aura fait cesser un scandale; la démoralisation pourra rester la même. M. Comte l'a bien compris, car son beau rapport parle des mesures complémentaires qui seraient utiles pour conjurer le mal. Mais ces mesures, quelles sont-elles? Il a parlé de l'instruction, d'une modification de la loi militaire, de la co-éducation des sexes. Ne sont-ce pas des moyens bien incertains, bien contestables, bien lointains tout au moins? N'allons-nous pas plus directement au mal en nous attaquant à ses manifestations, à ses provocations publiques? J'irai plus loin : pouvez-vous, dans le but que vous poursuivez, vous passer de leur interdiction? Comment, en effet, combattre sans cela le reflux dans la rue, du mal chassé de ses refuges habituels.

Nous sommes donc vos auxiliaires indispensables, loin d'être vos ennemis.

Mais la conséquence de la loi ne sera-t-elle pas la multiplicité des maisons réglementées? Je réponds que je ne crois pas à cette sorte de fatalité. De ce que la prostitution libre, la plus dangereuse à mon sens, diminuera, il n'est pas nécessaire que la prostitution réglementée augmente. S'il doit y avoir un plus grand nombre de maisons, il n'est pas nécessaire que l'Etat les protège. Il suffit qu'il les surveille.

Nous verrons d'ailleurs, alors, s'il faut faire un pas de plus dans la réforme. En attendant, nous courrons au feu là où il est le plus menaçant, et nous croyons qu'il est dans l'intérêt de tous de nous suivre.

Il est, d'ailleurs, dans le projet des points sur lesquels nous sommes assurément tous d'accord, tels que le droit donné à l'administration de fermer les établissements équivoques, brasseries de femmes, débits, hôtels garnis, où se pratique ouvertement la débauche; la répression de l'embauchage par fraude ou violence, en vue de la prostitution, celle des outrages aux mœurs si fréquemment commis, au grand péril de la jeunesse, par la chanson, le théâtre ou la presse.

C'est là un ensemble dont toutes les parties se tiennent.

J'espère que la Ligue, éclairée désormais sur le point qui l'avait alarmée n'hésitera pas à se joindre à la Société, contre la licence des rues, pour en accepter toutes les dispositions.

Je n'ai parlé que des moyens répressifs à opposer au débordement trop manifeste du désordre moral. Il en est d'autres qui ne seraient pas moins efficaces, et qui en sont même le complément nécessaire. Madame de Lys vient de vous indiquer un des meilleurs. Soutenons par des institutions variées, maisons de patronage, de placement ou d'assistance, les malheureuses de toute condition que la misère, l'abandon ou la contrainte des gens dépravés qui les entourent, jettent dans la prostitution. Créons des ateliers, des refuges pour celles qu'on en peut détourner.

Tout cela constitue une grande œuvre de préservation sociale. Soyons unis, laissez-moi le répéter encore, pour l'accomplir.

ALLOCUTION DE M. MINOD

M. Minod joint ses plus chaleureux remerciements à ceux qu'a valus à M. Comte son remarquable travail. Tout à fait d'accord sur les idées générales exprimées par l'honorable rapporteur, il ne présentera que quelques observations de détail destinées à éclaircir certains points particuliers.

En premier lieu, il ne faudrait pas prendre trop à la lettre le sombre tableau des maux engendrés par la syphilis qu'a tracé Parent-Duchatelet dans le passage reproduit par M. Comte. Il y a quatre siècles, ce tableau pouvait être vrai ; il ne l'est certes plus aujourd'hui ; pour s'en convaincre, il suffit d'ouvrir les yeux ou de consulter les ouvrages des spécialistes les plus éminents. Sans doute, la syphilis est un fléau, mais un fléau beaucoup plus bénin que tant d'autres qui frappent notre pauvre humanité. Pour juger sainement de la gravité d'une plaie, il faut l'examiner et la sonder sans prévention.

L'honorable rapporteur a signalé quelques localités où la réglementation a été supprimée, au grand profit de la morale et sans détriment aucun pour l'hygiène : villes de la Suisse, Colmar et Glascow. Il n'est peut-être pas inutile de faire ressortir que ces exemples ne sont pas isolés, et qu'on pourrait les multiplier dans une grande mesure. La réglementation a été supprimée dans dix-neuf villes de garnison de l'Angleterre, où elle avait été instituée par le régime des actes sur les maladies contagieuses, cela sans aucune conséquence fâcheuse : les statistiques officielles de l'année anglaise prouve que cette réglementation n'influait en rien sur le chiffre des contagions. La réglementation a été supprimée en Norvège, d'où elle a totalement disparu. D'abord tentée à Christiania, cette suppression a été étendue deux ans après, par le gouvernement lui-même, à toutes les autres localités du pays, au grand profit de la moralité et de l'hygiène publique. En Danemark, la réglementation a été successivement abolie dans toutes les localités où elle existait, sauf à Copenhague, d'où elle ne tardera pas à disparaître. Les statistiques recueillies par le gouvernement prouvent que la santé des soldats aussi bien que celle de la population civile n'y ont rien perdu, tout au contraire. En Hollande, la réglementation disparaît peu à peu ; treize villes s'en sont déjà débarrassées, sans aucun inconvénient. M. Comte nous a cité Colmar. Eh bien, il résulte des documents fournis par l'administration de cette ville, que la suppression de la réglementation y a produit les meilleurs effets à tous égards : diminution des maladies, tandis qu'elles ont augmenté dans les autres villes voisines réglementées ; diminution des naissances illégitimes et notable amélioration au point de vue de l'ordre public, malgré que, depuis la suppression, la population se soit considérablement accrue.

A Colmar, comme dans toutes les villes où la réglementation a été supprimée, on ne s'est pas fait faute de prophétiser au début les pires calamités : plus de sécurité pour les femmes honnêtes et les jeunes filles, plus de frein aux maladies, débordement de l'immoralité et progression effrayante des naissances illégitimes. Or, rien de tout cela ne s'est vérifié ; ce qui n'empêche pas les partisans de la réglementation de lever les bras au ciel chaque fois qu'on parle de supprimer les maisons de tolérance et le régime de la police des mœurs. Ce sont les pires aveugles, parce qu'ils ferment obstinément les yeux devant l'évidence.

Ce matin, j'entendais l'un de vous exposer avec tristesse la situation actuelle dans les petites localités de la France, où, à côté de maisons de tolérance officielles, on voit s'installer des bouges clandestins, où on rencontre sur la voie publique des femmes racolant ouvertement, toutes choses qui y étaient autrefois inconnues. Et l'orateur concluait mélancoliquement : « Nous voyons dans toutes les villes le niveau moral s'abaisser de plus en plus. » Or, c'est là un fait indéniable, qui doit frapper tout observateur. Des grands centres, la démoralisation s'est étendue aux petites cités, puis aux gros bourgs, et maintenant, pareille à une tache d'huile, elle envahit même les villages les plus reculés.

A quelles causes attribuer cette action lente, mais continue, dont les effets se font sentir aujourd'hui jusqu'au sein des plus petites agglomérations ?

Je n'hésite pas à répondre qu'elle est due presque tout entière au régime de la police des mœurs, qui a eu pour résultat de légitimer la débauche, de la faire considérer comme une nécessité sociale si évidente, que l'autorité en devait régler l'exercice.

Peu à peu, sous l'empire de cette conviction que l'Etat n'organiserait pas la prostitution si elle n'était pas indispensable, les hommes, les jeunes gens ont pris l'habitude d'y recourir et la société tout entière a fini par trouver la chose tout à fait naturelle. Lorsque les campagnards avaient l'occasion de se rendre à la ville prochaine, ils ont voulu, eux aussi, profiter des facilités et de la sécurité offertes par la prévoyance administrative. Ce n'est pas là une conception de mon imagination, croyez-le bien, mais un fait réel, qui vous donne la clé de l'origine du mal signalé ce matin. Et je puis vous en fournir des preuves typiques. Pendant nombre d'années, il a existé à La Chaux-de-Fonds, dans le canton de Neuchâtel, en Suisse, des maisons de tolérance. Eh bien, les jours de marché, ces établissements étaient fréquentés par nombre de paysans de toutes les vallées voisines, qui, à leur retour, infectaient souvent leurs familles ; car vous n'ignorez pas que la prétendue garantie sanitaire offerte par l'administration est illusoire. Ces paysans étaient hantés des mois d'avance par l'idée d'aller un jour dans l'une de ces maisons. De mes propres yeux, j'ai vu à Lausanne des recrues du canton de Vaud prendre le train pour Genève le jour de leur libération du service, et tous les voyageurs pouvaient les entendre se donner mutuellement les adresses des tenancières de maisons de tolérance et récapituler les plaisirs qu'ils se promettaient d'y rencontrer.

La réglementation de la prostitution a été une fatale erreur, et on ne saurait exagérer le mal dont elle a été la source. Elle a enraciné dans l'esprit public cette croyance que l'homme doit recourir à la prostitution dans l'intérêt de sa santé ; elle a, par ce fait, développé la prostitution elle-même dans une grande mesure et amené l'état dont on se plaint à juste titre. S'il est vrai que l'homme doit irrésistiblement satisfaire ses besoins sexuels dans les grands centres, pourquoi en serait-il autrement dans les hameaux ? La nature humaine n'est-elle pas partout la même, et les sens ne parlent-ils pas aussi bien aux champs qu'à la ville ? Et puisqu'il n'est pas toujours facile à l'homme d'aller chercher au loin la prostitution, n'est-il pas logique que celle-ci vienne se mettre à sa disposition jusqu'au village ? On peut dire que la réglementation de la prostitution a démocratisé le vice, autrefois l'apanage à peu près exclusif de certaines classes.

L'honorable rapporteur a mentionné la prostitution des mineures. Il me semble que nous devrions ici tous être d'accord sur ce point capital, que la prostitution des mineures ne devrait pas être tolérée. Une mineure est sous tutelle, elle ne peut disposer de la moindre partie de ses biens ; elle ne devrait pas pouvoir davantage disposer de sa personne. Si les parents ne remplissent pas à cet égard les devoirs qui leur incombent, la société devrait y suppléer. Aujourd'hui, nous voyons des mineures être inscrites sur les registres de la police des mœurs, nous voyons l'Etat octroyer à des mineures une patente les autorisant à exercer la prostitution comme un métier.

Or, la prostitution n'est pas un métier et ne devrait jamais être assimilée à un métier.

Il y aurait également beaucoup à dire en ce qui concerne les bureaux de placement et la traite des blanches. Qu'il me suffise, pour le moment, de faire remarquer que, contrairement à l'opinion générale, le ravitaillement des maisons de tolérance ne se fait pas uniquement, tant s'en faut, par des moyens naturels ; la fraude y joue un grand rôle. Ici encore, la protection dont jouissent les tenancières par suite de l'institution du régime de la police des mœurs, a ouvert le champ à d'innombrables abus.

M. Comte nous a dit que la prostituée inscrite est libre en droit. C'est possible ; mais en fait, elle est une esclave, elle est la chose de la matrone qui l'exploite. A Genève, par exemple, où l'administration se vante d'avoir pris toutes les mesures nécessaires pour assurer la liberté des femmes en maison, nous sommes sans cesse témoins de faits qui prouvent que la femme qui veut se soustraire à son joug doit prendre de multiples précautions pour que la tenancière ne s'en doute pas, faute de quoi elle serait bien vite vendue et expédiée dans un autre pays. Or, que doit-il en être là où la police protège ostensiblement les tenancières ?

L'honorable rapporteur a fort judicieusement fait remarquer que la réglementation ne tient aucune de ses promesses. Dérivée d'un principe faux, elle ne peut aboutir qu'à des conséquences fausses. Les cercles médicaux, ausein desquels la réglementation a trouvé ses plus fervents admirateurs, commencent eux-mêmes à constater le peu d'utilité de ce rouage si laborieusement mis en œuvre ; le Congrès de dermatologie et de syphiligraphie qui s'est tenu il y a peu de temps dans cette ville même, témoigne de la désillusion des spécialistes à cet égard. Or, remarquez-le, il fut un temps — et ce temps n'est pas éloigné — où *tout* le corps médical croyait à l'efficacité de la réglementation,

Quelle différence aujourd'hui ! Des spécialistes, et des plus éminents, viennent à nous, nous apportant le résultat de leurs observations, de leurs recherches et l'influence de leur autorité. Ce doit être pour nous un immense encouragement.

M. Comte l'a excellemment dit : nous revendiquons, dans le domaine qui nous occupe, l'application du droit commun. C'est notre cri de ralliement. A l'arbitraire, nous voulons substituer la loi, mais la loi égale pour les deux sexes, la loi ne consacrant pas cette autre monstruosité qu'il y aurait deux morales : l'une à l'usage de l'homme, l'autre à l'usage de la femme.

Le régime de la police des mœurs a engendré le mépris pour la femme. En supprimant ce régime, nous travaillerons à redresser la conscience publique et à remettre en honneur le respect pour la femme. L'homme qui respecte la femme se respecte lui-même et est un homme dans la véritable acception du terme, c'est-à-dire un être capable de gouverner ses passions au lieu d'en être le jouet.

A ce propos, permettez-moi de signaler à votre attention deux écrits qui méritent d'être ajoutés à ceux déjà mentionnés par M. Comte : le premier est un admirable traité de Mlle Elisabeth Blackwell, docteur médecin, *The human Element in Sex* ; l'autre est dû à M. le docteur A. Herzen, professeur de physiologie à l'université de Lausanne. Ces deux écrits devraient être largement répandus.

M. Comte termine son rapport par une brève allusion au

projet de loi de M. le sénateur Bérenger. Je me bornerai à rappeler que la première partie de ce projet a fait, dans le *Bulletin continental*, organe de la Fédération abolitionniste dont je suis ici l'un des délégués, l'objet de critiques qui ne portent pas sur de simples détails, mais sur le fond même des propositions de l'honorable sénateur. En outre, chacun de nous a en ce moment en mains un petit écrit contenant des observations qu'a faites sur ce même sujet l'un de nos amis de la Ligue française, M. Hirsch. Or, sans entrer de nouveau dans le détail du projet pour ne pas allonger davantage, je tiens à faire remarquer que ces différentes critiques méritent d'être prises en très sérieuse considération par la Ligue française, et je serais heureux si la discussion qui va suivre pouvait engager l'honorable sénateur, aux intentions duquel je me plais à rendre hommage, à comprendre qu'en voulant améliorer la situation actuelle, il ne ferait que l'aggraver, et que ce qu'il faut faire, ce n'est pas donner un regain de prospérité aux maisons de tolérance, mais abolir le régime néfaste de la police des mœurs.

Si M. le sénateur Bérenger eût assisté à la réunion publique tenue avant-hier soir dans le grand amphithéâtre de la Faculté des lettres, il eût entendu un médecin de cette ville, chef de clinique à l'Antiquaille, déclarer que dix ans auparavant, dans une réunion analogue à celle-ci, il s'était lui-même levé pour prendre la défense de la réglementation, mais que depuis lors il avait étudié le sujet plus attentivement et s'était convaincu de son erreur. J'espère que l'excellent travail de M. Comte aura pour effet d'amener M. le sénateur ici présent à examiner, lui aussi, plus attentivement le sujet, et je ne doute pas qu'il n'arrive à la même conclusion que M. le docteur Augagneur. C'est donc avec confiance que j'en appelle de M. le sénateur Bérenger mal informé à M. le sénateur Bérenger mieux informé.

Allocution de M. le Professeur Allier

Messieurs,

Il m'en coûte de prendre la parole. Ma conscience m'oblige à opposer quelques objections au projet de loi que M. Bérenger vient de défendre devant vous avec tant d'éloquence et de charme. Elle me contraint aussi de formuler quelques réserves, des réserves très sérieuses, sur le point de vue auquel il lui a plu de se placer. Ce devoir est pour moi très douloureux. Je suis de ceux qui n'ont jamais hésité à se ranger autour de M. Bérenger quand la coalition des cyniques, des amateurs de polissonneries et des exploiteurs de l'immoralité publique, s'efforçait de le rendre ridicule ou odieux. Je suis prêt à recommencer et je recommencerai. Mais toute mon estime, toute mon admiration pour son caractère et pour son œuvre, ne doivent pas m'empêcher de distinguer, dans ses affirmations, quelques erreurs, et dans son projet quelques dangers. Je lui demande très respectueusement la permission d'indiquer avec rapidité les uns et les autres.

La première erreur contre laquelle je tiens à m'inscrire, est plutôt d'ordre historique. M. Bérenger a l'air de dire et de croire que la « Ligue de la Moralité publique » a revendiqué dans le passé et revendique dans le présent, le libre exercice de la prostitution. C'est là un travestissement involontaire de notre programme. D'excellents esprits ne peuvent s'empêcher de dénaturer ce que nous affirmons ; ils pensent qu'il y a à choisir entre deux systèmes : l'organisation actuelle et la licence absolue ; et ils nous prêtent leur pensée : nous voulons supprimer la réglementation, nous voulons donc la licence !... La vérité est que nous réclamons, non pas la liberté de la débauche, mais un retour au droit commun ; si nous dénonçons la réglementation, c'est, *entre autres motifs,* parce qu'elle est le contraire de la répression.

Non, certes, l'Etat n'a pas à se charger de notre moralité personnelle, et le Code ne doit pas, ainsi qu'il le fait, si je ne me trompe, dans certains cantons suisses, punir la simple prostitution. Mais s'arrêter devant le domicile privé, reconnaître que ce qui peut s'y passer de honteux ne regarde ni la police, ni personne, ce n'est pas déclarer que la débauche est un commerce comme un autre, et qu'on doit lui appliquer le principe économique du *laissez-faire, laissez-passer.* La suppression de la réglementation n'est pas celle d'un monopole honteux, elle est un moyen de faire rentrer la prostitution dans le droit commun, de l'arracher à l'arbitraire administratif et de la faire réprimer par le pouvoir judiciaire avec toutes les garanties légales.

La Ligue a si peu les principes qu'on lui attribue souvent, qu'elle a été toujours unanime à demander que l'Etat assurât la propreté et la décence de la voie publique. « La rue appartient à tout le monde », répondions-nous aux réclamations d'un individualisme exagéré ; soit, ce n'est pas une raison pour que la rue puisse, à certaines heures, devenir le marché du vice, pour que l'offre et la demande de débauche s'y fasse ouvertement. Le scandale doit être réprimé. »

Et M. Yves Guyot croyait nous arrêter en s'écriant : « Qu'est-ce que le scandale ? sinon une parole, un écrit, un acte qui choque vos préventions, vos préjugés, les actions réflexes emmagasinées dans notre cerveau... Chacun doit faire et dire ce qui lui plait; les autres en penseront ce qu'il leur plaira. »

Nous répliquions nous-même, avec l'approbation et comme avec la mission des chefs de notre Ligue : « La loi peut réprimer un acte, non pour sa valeur intrinsèque, mais pour ses conséquences lointaines. Que la morale intime et personnelle soit outragée, cela ne la regarde pas ; admettons-le. Mais certains outrages à la morale auraient pour suite immédiate de graves désordres sur la voie publique ; de plus, ils seraient une provocation ouverte à la débauche; comme la rue appartient à tout le monde et, par suite, aux mineurs, ils doivent donc être poursuivis. »

Nous n'avons jamais cessé de proclamer ceci : « La formule *liberté du vice, répression du crime*, est trop simple. Entre la débauche comme acte et le crime qu'elle peut faire commettre, il y a le délit auquel elle peut donner lieu. »

Nous avons toujours réclamé de l'Etat la poursuite de ces délits. Il y aurait une injustice — que M. Bérenger, mieux informé, ne voudra pas commettre — à présenter comme nôtres les revendications individualistes que nous avons toujours repoussées.

Nous réclamons donc la répression, mais à certaines conditions.

En premier lieu, il est naturel que nous ne donnions notre appui qu'à des mesures qui ne contredisent pas nos principes essentiels. La répression que nous rêvons ne doit pas reconnaitre, ou avoir l'air de reconnaître, la légalité de la débauche patentée. Et c'est précisément ce que semble faire le projet de M. Bérenger. L'article VI de ce projet : *Celui qui, par fraude ou violence, fait entrer une fille dans une maison de débauche...* paraît admettre l'existence des établissements infâmes et, par suite, la légitimer. Je ne pourrai jamais, en conscience, soutenir une proposition de loi qu'il serait possible d'interpréter de la sorte.

M. Bérenger nous a dit qu'il accepterait un amendement qui corrigerait cet article et qui ne constaterait pas, dans un texte officiel, l'existence de ce que nous voulons détruire. Cette concession est de la plus haute importance et, si elle est vraiment faite, elle supprimera une de nos réserves les plus graves.

La seconde objection que j'adresserai à son projet, est de ne pas suffisamment définir le délit qu'il vise. Moi aussi, je pense que le racolage peut être l'objet d'une contravention ; mais dans quelles conditions? C'est ce qu'il importait de dire avec détails. « L'énumération de ces cas,disait, il y a plusieurs années, le rapport de M. Fiaux au Conseil municipal de Paris, l'énumération de ces cas doit être dressée catégoriquement, afin de servir de base à l'intervention de la police, dans les limites les plus difficiles à franchir pour l'arbitraire. » Cet arbitraire peut être un danger de toutes les heures pour les filles et les femmes du peuple.

— Mais, dira M. Bérenger, peut-on préciser ces cas? — Qu'il me permette de lui citer, une fois encore, ce rapport, que je recommande à son attention :

« La commission résume cette partie de ses délibérations sous cette forme : La prostitution peut donner, dans la rue, lieu à contravention :

« 1° En cas de *racolage par préhension* ;

« 2° En cas de *provocation bruyante* ;

« 3° En cas de *stationnement obstiné sur la voie publique*.

« La contravention est établie :

« 1° Par le flagrant délit devant l'agent municipal ;

« 2° Par la plainte du citoyen lésé. »

Il est possible que cette définition du délit soulève des objections. Je ne la donne que comme un exemple de ce que je voudrais voir introduire dans le projet de M. Bérenger. J'ai une peur indicible de la répression de délits mal ou peu qualifiés. .

J'arrive enfin à la question de principes qui est soulevée par la discussion d'aujourd'hui, et je demande la permission de dire, à propos de la proposition de M. Bérenger, quelques mots sur la réglementation de la prostitution. Notre très honoré contradicteur s'étonne que, dans les circonstances présentes, nous soyons si irréductibles, si obstinés à dénoncer cette réglementation. Le débordement de l'immoralité publique est si effrayant, pense-t-il, que le premier devoir est d'essayer d'endiguer ce flot fangeux ; nous verrons après si nous avons à poser le problème tout différent de la réglementation.

Eh bien ! voilà précisément ce que nous ne pouvons pas admettre. En nous élevant contre l'organisation actuelle de la débauche, nous ne sommes pas hypnotisés par une sorte de principe métaphysique et purement abstrait ; nous songeons à l'état des mœurs, à l'affaissement des caractères, à la complaisance de l'opinion pour ce qui devrait la révolter, au débordement de l'industrie pornographique, aux scandales qui s'étalent sur la voie publique, et nous disons : vous ne détruirez pas cette végétation répugnante de champignons vénéneux, si vous ne supprimez pas le fumier qui la produit ; et ce fumier, c'est la prostitution réglementée.

Le temps me manque pour établir cette vérité qui, tous les jours, s'impose davantage à moi. Permettez-moi de résumer mes réflexions dans trois thèses :

1° *La réglementation de la prostitution corrompt les mœurs, parce qu'elle paraît être un encouragement donné à la débauche.* Grâce à elle, la société enseigne la fatalité du vice, et les individus acceptent cet enseignement ; la preuve, dit-on, que la débauche est fatale, inévitable, c'est que l'État la patente.

On ne fait pas assez attention aux raisonnements conscients ou inconscients que fait la foule et qui ont pour point de départ une croyance qui devrait être fondée. Ce que l'Etat fait est toujours utile ou juste. Il se fait dans l'esprit un travail obscur, la conscience se trouble sans qu'on s'en aperçoive, elle finit parfois par se taire. L'opinion publique ne se compose pas, sans doute, de raisonnements explicites et logiquement enchaînés ; elle se compose d'habitudes de penser et de sentir, et ces habitudes de penser et de sentir ne sont que le contre-coup de ce qui en est constaté tous les jours. Ceci est de grave conséquence. L'opinion publique pense, à propos du vice, ce qui lui est suggéré par les actes officiels ; que grâce à l'attitude de l'Etat, elle considère le vice comme un mal qui doit être résolument réfréné et combattu, ceux qui voudront s'en défendre se sentiront soutenus et ils se croiront obligés de tout faire pour rester dans la voie droite. Si, au contraire, l'opinion proclame, à la suite de l'Etat, que le vice est un mal nécessaire, un entraînement irrésistible, nul effort ne sera tenté pour lui échapper. Le relâchement deviendra général.

Qu'on n'insinue pas que j'exagère. Qui donc ne se rappelle pas avoir entendu des camarades de lycée ou de pension tirer les conclusions que j'indique ? De l'existence de la maison infâme, ils concluaient à la fatalité de la débauche. Hélas ! rien n'est changé. Fréquentez les jeunes gens, conseillez-leur la pureté, et j'affirme que vous obtiendrez la même réponse.

La réglementation de la prostitution est une excitation permanente au mal. N'est-il pas vain d'essayer d'endiguer des passions auxquelles l'Etat a l'air de conférer son patronage ?

2° J'ajoute que *la réglementation de la prostitution n'est bonne qu'à augmenter la prostitution clandestine.* Et il ne faut pas s'en étonner. L'homme ne parvient que rarement à se ravaler au rang de la brute. La sensation animale ne lui suffit pas ; il lui faut, jusque dans les rapports les plus abjects, la parodie de l'amour, laquelle ne va pas sans un semblant de liberté. Et voilà pourquoi un instrument purement passif ne saurait le satisfaire ; il s'en dégoûte, et, après tout, j'aime à distinguer jusque dans cette fange ce dernier reste de dignité humaine. Un homme commence par la maison patentée ; il ne peut s'en tenir là, il lui faut l'illusion du don libre, il lui faut l'imprévu des aventures, il lui faut quelque chose qui ne soit pas simplement bestial. Il le cherchera dans la prostitution clandestine. Le premier résultat de la prostitution officielle aura donc été d'exciter des passions qu'elle est impuissante à calmer, et de préparer des clients pour sa rivale. Lisez les statistiques, et vous constaterez que la prostitution clandestine a toujours un développement parallèle à celui de l'autre. La raison de ce phénomène n'a rien de mystérieux pour qui fait un peu de psychologie.

3° *La réglementation est responsable, pour une large part, de l'augmentation des crimes de mœurs.* Et la cause de ce fait est toujours la même : la maison n'assouvit pas les besoins qu'elle provoque. L'animal vit dans le moment présent ; satisfait, il se couche et s'endort. Chez l'homme, l'imagination est à l'œuvre ; malheur à lui, si elle s'exerce sur un acte simplement physique et nullement purifié par une idée morale ! Elle lui fait toujours trouver insuffisante la sensation du moment ; elle lui en fait rêver d'autres qu'il poursuit par tous les moyens. Elle le condamne à la poursuite des raffinements morbides... Faites une enquête, et vous verrez que la plupart des ignobles personnages traduits devant les tribunaux pour affaires de mœurs, sont les élèves de l'école officielle du vice.

Il est temps que je m'arrête. Que l'on me permette seulement un souvenir. Qui n'a été frappé d'une subite et poignante angoisse, dans ces jours néfastes, où le Quartier-Latin était comme en révolution, pour la défense des mœurs que l'on sait et d'une pornographie éhontée ? Les citoyens honnêtes se sont alors demandé quelle ivresse s'était emparée de notre jeunesse et lui faisait découvrir, pour toute noble cause à défendre, celle du dévergondage. Ils se sont demandé ce qui avait amené cet affaissement des consciences... Membres de la *Ligue de la Moralité publique* nous répondons en dénonçant l'action dépravante de toutes les institutions qui ont l'air de sanctionner la doctrine de la nécessité du vice. Certes, nous avons beaucoup souffert avec M. Bérenger, mais nous avons le sentiment qu'en trouvant qu'il n'est pas assez hardi dans ses revendications, en refusant de paraître accepter la réglementation qu'il semble se résigner à admettre, en poursuivant la lutte contre la tolérance et le patronage de la débauche, nous travaillons pour lui, nous travaillons pour son œuvre. Nous combattons contre l'agent le plus actif de la corruption publique, contre l'école où se sont formés les pornographes qui le couvrent de boue, contre le véritable foyer de l'infection, dont certains scandales n'ont été que les symptômes. Que M. Bérenger ne s'y trompe donc pas : s'il nous arrive de discuter et de critiquer son projet de loi, c'est parce que nous avons déclaré la guerre contre la vraie cause de ce qu'il poursuit. Cette guerre, il doit nous approuver de la maintenir. Je n'ai pas renoncé à l'espoir de l'y voir un jour y prendre une part active.

SÉANCE PUBLIQUE

AU GRAND-AMPHITHÉATRE DE LA FACULTÉ DES LETTRES

Le dernier acte du Congrès en est le plus mémorable. C'est une réunion dans le grand amphithéâtre de la Faculté des lettres, ayant pour sujet l'*alcoolisme*. Pour faire sur les esprits une plus forte impression, les organisateurs de la séance avaient eu l'idée de réunir les opinions de spécialistes de la plus haute compétence. Le public était aussi nombreux qu'à la conférence de M. Comte, et comprenait, non pas six cents personnes, comme nous l'avons pensé d'abord, mais plus de huit cents. M. le sénateur Bérenger présidait. A son allocution vivement applaudie, a succédé l'exposé de M. le docteur Pierret, médecin en chef de l'asile de Bron, et professeur de clinique mentale.

L'éloquent praticien a décrit *l'alcoolisme latent*, celui des gens qui ne s'enivrent pas, mais mangent bien, boivent mieux, s'imbibent peu à peu d'alcool, et finissent par éprouver dans les organes principaux, estomac, foie, reins, des troubles de toute gravité qui les mènent souvent à la mort la plus triste.

Après lui, M. le docteur Motet, de Paris, médecin criminaliste, a montré les divers cas où les mauvais alcools, pour ne pas dire tous les alcools, sont productifs du crime, et en a cité des exemples typiques à faire dresser les cheveux.

M. le docteur Rey, médecin en chef de l'asile d'aliénés de Marseille, a fait le tableau de l'extension du fléau dans le Midi. L'asile qu'il dirige suffisait naguère à quatre départements; il suffit à peine, à cette heure, à l'arrondissement de Marseille; et ces malheureux alcooliques d'une ville longtemps connue pour sa sobriété, ont un nombre croissant d'enfants idiots, arriérés, scrofuleux. Il y a dans les écoles de Marseille plus de 300 enfants hors d'état de profiter des leçons, et un plus grand nombre n'y peuvent même pas être présentés. Vous verrez que l'alcoolisme va faire de nous, si nous n'y mettons ordre, un peuple de crétins.

Voilà le mal. Pour le combattre, M. le pasteur Fulliquet, chef du groupe de la *Croix-Bleue,* à Lyon, raconte ses efforts dans plusieurs quartiers. En pleine Guillotière, quatre réunions de tempérance par semaine, réunissent chaque fois plus de 300 auditeurs dont plusieurs sont des ivrognes corrigés. L'ardente et vive parole de M. Fulliquet est très goûtée et ne peut qu'amener des recrues à sa croisade contre l'abus des boissons.

Enfin, M. le docteur Bard, agrégé de la Faculté de médecine de Lyon, résumant ces diverses données et les corroborant par les chiffres de la statistique sur la matière, indique les moyens administratifs et légaux à employer pour enrayer le mal. Restreindre le nombre des débits; élever les taxes sur les spiritueux; dégrever les boissons vraiment hygiéniques : le thé et le café; monopoliser l'alcool dans les mains de l'Etat et le rectifier sérieusement. Voilà les moyens que recommande M. le docteur Bard. Il propose d'établir par la loi de finances que la patente des débitants soit toujours complètement exigée et qu'elle ne se confonde plus avec une patente supérieure payée par les commerçants vendant plusieurs sortes d'articles. Ainsi, un épicier ne débiterait des liqueurs qu'à la condition de payer la patente de débitant outre celle d'épicier. L'assemblée montre par ses applaudissements combien elle goûte les idées de M. Bard.

La série des discours est finie ; M. Gaufrès demande à l'assemblée d'émettre le vœu qu'une organisation se forme à Lyon pour combattre l'alcoolisme, ce qu'elle s'empresse de faire ; il remercie les savants orateurs et l'éminent président qui ont bien voulu donner, par cette belle séance, le signal de la bonne guerre et recommande à tous la Ligue de la Moralité publique et son organe le *Relèvement Social.*

Telles ont été ces trois journées de Congrès. Nous disions plus haut que c'était un succès; c'est mieux encore : une victoire. A nous maintenant, à notre Ligue d'éviter qu'on puisse lui dire : « Tu sais vaincre, Annibal, tu ne sais pas profiter de ta victoire ».

Table des Matières

Saint-Etienne. — Imp. Balay, rue de la Bourse, 26.

RÈGLEMENT GÉNÉRAL DE LA LIGUE

I. — Articles statutaires

Article premier. — La Ligue française de la Moralité publique a pour but l'amélioration des mœurs publiques, tant par l'action directe sur les mœurs et les idées, que par les réformes légales et administratives, celles notamment qui pourraient être favorables aux droits moraux et civils de la femme.

Art. 2. — Elle professe une entière neutralité sur toutes les questions politiques, philosophiques ou religieuses.

II. — Articles d'organisation

Art. 3. — La Ligue se compose de toutes les personnes qui, adhérant à son programme, versent à son profit une cotisation annuelle d'au moins 2 fr. 50. Ce minimum peut encore être abaissé dans les sections dont le Comité l'aurait ainsi décidé.

Art. 4. — Les adhérents sont groupés en sections régionales et en comités de vigilance.

Art. 5. — Chaque section régionale est administrée par un Comité régional conformément à un règlement adopté par elle et d'accord avec les principes de la Ligue.

Art. 6. — Dans les localités où les adhérents sont en trop petit nombre pour former un comité régional, il est établi des comités de vigilance qui se rattachent au Comité régional le plus voisin.

Art. 7. — Pour les mesures d'intérêt général, la Ligue est dirigée par un Comité central dont le siège est présentement à Lyon et qui se compose de trois membres du Comité régional lyonnais et de deux membres des autres comités régionaux.

....

Art. 9. — Le Bureau et le Comité central fonctionnent en vertu d'un règlement arrêté par ce dernier.

Art. 10. — Le secrétaire général est l'agent d'exécution du Comité central. Il exerce ses fonctions sous la haute surveillance du bureau. Il soumet à celui-ci les propositions qu'il croit utiles aux progrès de la Ligue et transmet aux comités régionaux les décisions du bureau et du Comité central.

....

Art. 11. — La Ligue publie, si elle le juge utile, un bulletin ou un journal pour la défense et la propagation de ses principes.

Art. 12. — Les comités régionaux ou de vigilance perçoivent la cotisation mentionnée à l'article 3 et versent au Comité central le tiers de leur recette pour pourvoir aux frais généraux de l'œuvre.

Art. 13. — Ces frais généraux sont ceux que nécessitent les publications de la Ligue, l'organisation des conférences, la correspondance et les déplacements tant du secrétaire général que des délégués occasionnels du Comité central.

CINQ CENTIMES LE NUMÉRO

LE RELÈVEMENT SOCIAL

Organe de la Ligue Française de la Moralité publique

« Une seule Morale pour les deux sexes. »

PARAISSANT LE 1er DE CHAQUE MOIS

ABONNEMENTS :

France, Alsace. . . . . 1 »
Etranger. 1 50

On s'abonne dans tous les bureaux de poste en prenant un mandat d'abonnement, frais en sus, ou à l'Administration du journal, 89, rue de la Richelandière, Saint-Etienne (Loire).

Rédacteur en chef : **Louis COMTE**

Pour tout ce qui concerne la Rédaction et l'Administration, s'adresser au bureau du journal, 89, rue de la Richelandière, Saint-Etienne (Loire).

Secrétaire général de la Ligue :
M. GAUFRÈS
ancien conseiller municipal de Paris,
15, rue Lemercier, Paris.

Trésorier général :
M. GUEX,
23, rue Bugeaud, Lyon.

PRINCIPAUX RÉDACTEURS :

MM. M. AGUILERA, docteur en droit.
ALLAIS (Gustave), chargé de cours à la Faculté des lettres de Rennes.
ALLIER agrégé de philosophie.
BÉRENGER, sénateur, membre de l'Institut.
BERTHÉLEMY, professeur à la Faculté de droit de Lyon.
BIANQUIS (Jean).
BRIDEL (Louis), profesr à la Faculté de droit de Genève.
DESJARDINS (Paul).
FALLOT.
GAUFRÈS, ancien conseiller municipal de Paris.
Docteur GIBERT, du Havre.

MM GIDE (Charles), profesr à la Faculté de droit de Montpellier
JALABERT, professeur à la Faculté de droit de Paris
LEGRAIN, médecin en chef à l'Asile de Ville-Evrard.
LAUREL, agrégé de philosophie.
MINAULT (Paul).
PAYOT, agrégé de philosophie.
PILLON, directeur de l'Année philosophique.
Docteur REY, médecin en chef des asiles d'aliénés des Bouches-du-Rhône.
ROSTAND (Eugène).
THOUVEREZ, agrégé de philosophie.
WAGNER etc., etc.

www.ingramcontent.com/pod-product-compliance
Ingram Content Group UK Ltd.
Pitfield, Milton Keynes, MK11 3LW, UK
UKHW012210240726
13966UKWH00002B/675